한자의 3요소

한자(漢字)는 하나의 글자가 모양·뜻·소리를 함께 나타내는 뜻글자입니다.

모양	日	月	川
뜻	날	달	내
소리	일	월	천

한자를 쓰는 순서

1. 왼쪽부터 하나씩 오른쪽으로 써나갑니다.

川 → 丿 丿丨 川

2. 위부터 하나씩 아래로 써내려갑니다.

三 → 一 二 三

3. 가로세로가 교차하면 가로부터 씁니다.

十 → 一 十

4. 삐침(丿)과 파임(㇏)이 만날 때는 삐침부터 씁니다.

大 → 一 ナ 大

5. 가운데가 있고 좌우가 대칭이면 가운데부터 씁니다.

小 → 亅 小 小

6. 바깥쪽과 안쪽이 있을 때는 바깥쪽부터 씁니다.

目 → 丨 冂 冃 目 目

7. 전체를 꿰뚫는 획은 마지막에 씁니다.

女 → ㇄ ㇛ 女

8. 오른쪽 위의 점은 마지막에 씁니다.

犬 → 一 ナ 大 犬

BIG PICTURE

랭컴출판사의 빅픽처는 쉽고 재미있게 즐기면서 신나게 공부할 수 있는
색칠공부와 따라쓰기 교재를 연구하고 개발하는 사람들이 모여서
큰 그림을 그리면서 적극적으로 활동하고 있습니다.

엄마가 골라주는
어린이 한자 3 따라쓰기

2023년 03월 25일 초판 1쇄 인쇄
2023년 03월 28일 초판 1쇄 발행

지은이 BIG PICTURE
발행인 손건
편집기획 김상배, 장수경
마케팅 최관호, 김재명
디자인 Purple
제작 최승용
인쇄 선경프린테크

발행처 LanCom 랭컴
주소 서울시 영등포구 영신로34길 19, 3
등록번호 제 312-2006-00060호
전화 02) 2636-0895
팩스 02) 2636-0896
홈페이지 www.lancom.co.kr
이메일 elancom@naver.com

ⓒ 랭컴 2023
ISBN 979-11-92199-36-8 73710

이 책의 저작권은 저자에게 있습니다. 저자와 출판사의 허락없이
내용의 일부를 인용하거나 발췌하는 것을 금합니다.

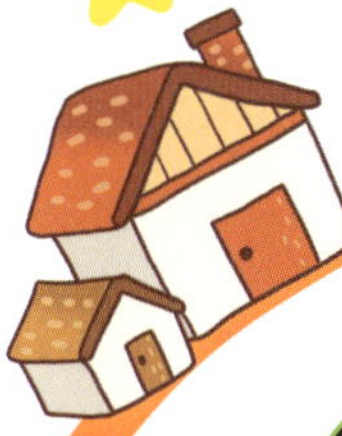

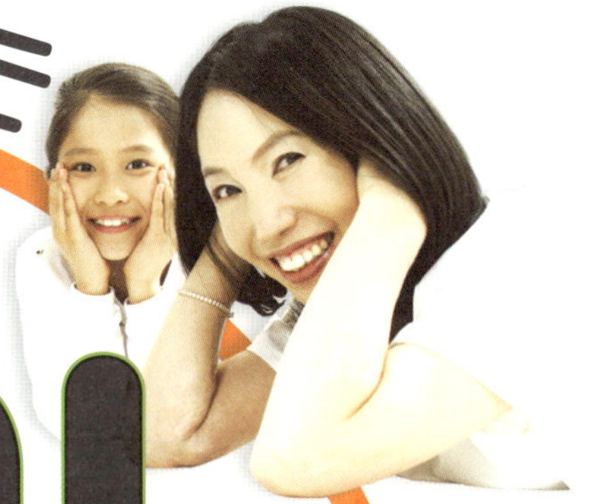

엄마가 골라주는

어린이 한자 3 따라쓰기

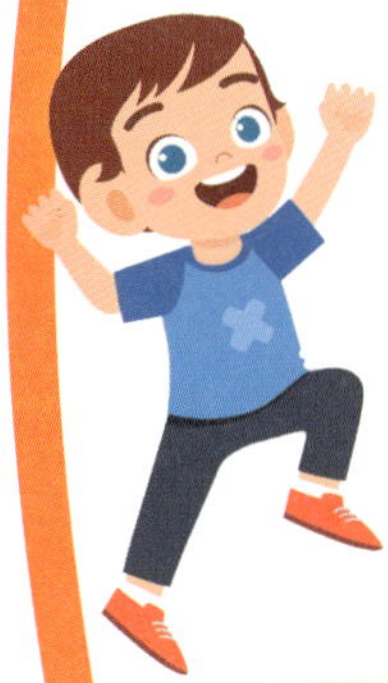

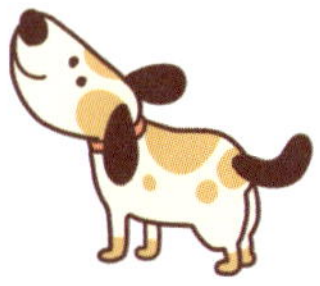

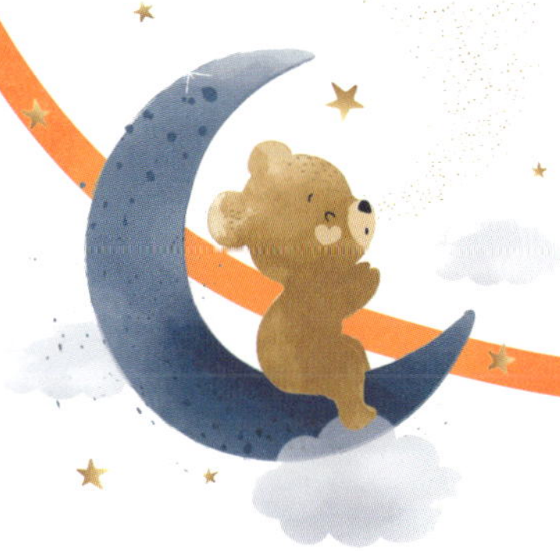

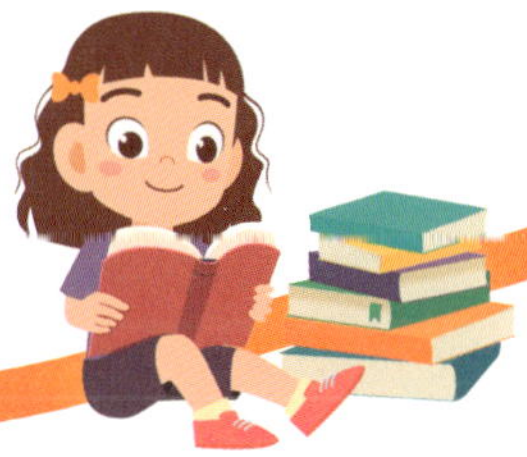

LanCom
Language & Communication

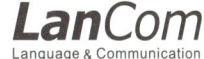

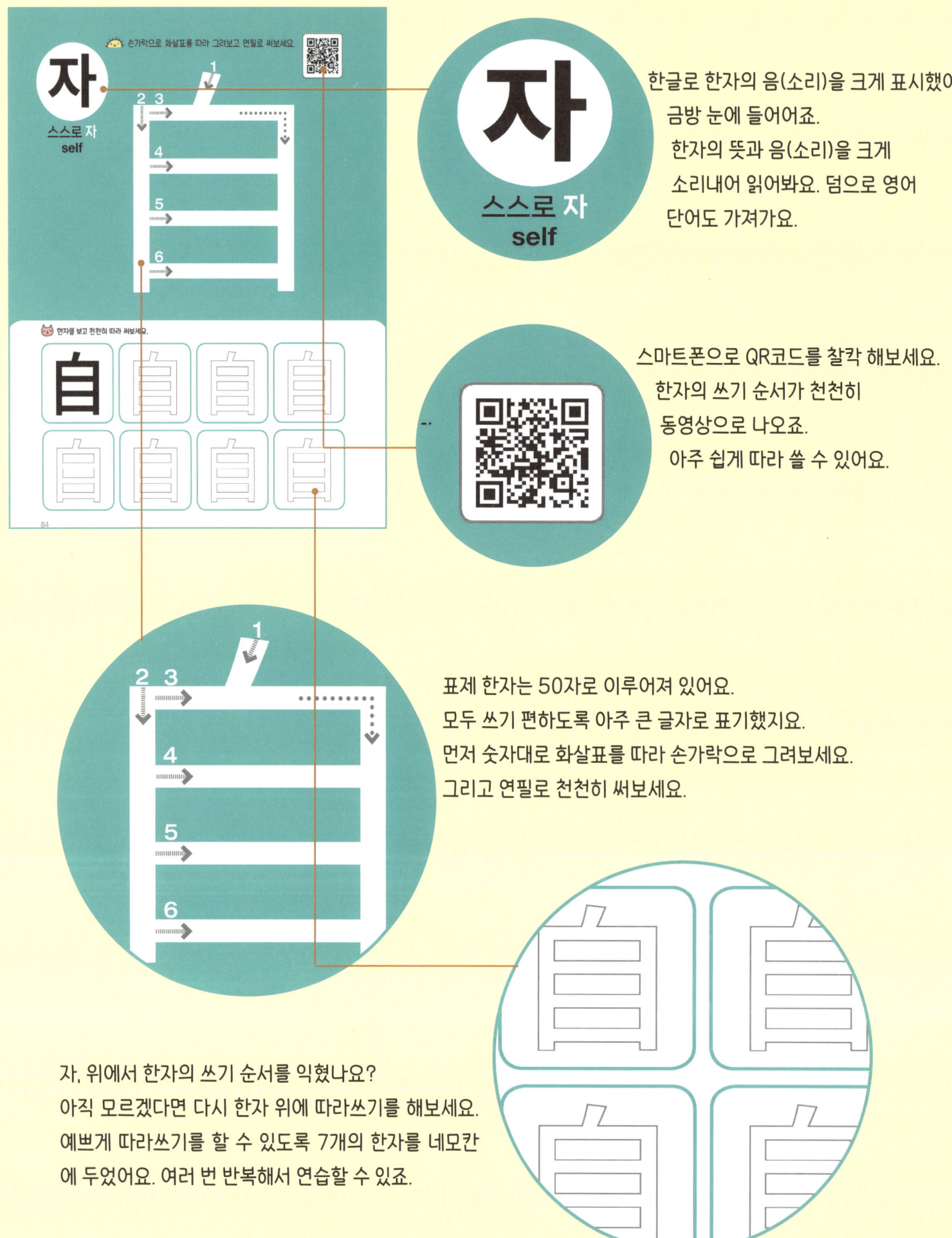

한자가 단어에서는 어떻게 쓰이는지 확인해요.
한자 위에는 음(소리)이고, 아래는 단어의 뜻이에요.
단어를 큰 소리로 읽어보세요.

한자에 알맞는 그림을 두었어요.
그림을 보면서 상상해보세요.
훨씬 기억에 오래 남을 거예요.

색연필을 준비하세요.
한자 쓰기 순서에 따라 여러 가지 색깔로 예쁘게 색칠해보세요.
그럼 한자가 그림처럼 느껴질 거예요.

이제 마무리해요.
한자를 보지 말고 네모칸에 또박또박 써보세요.
물론 네모 빈칸을 모두 채워야겠죠.

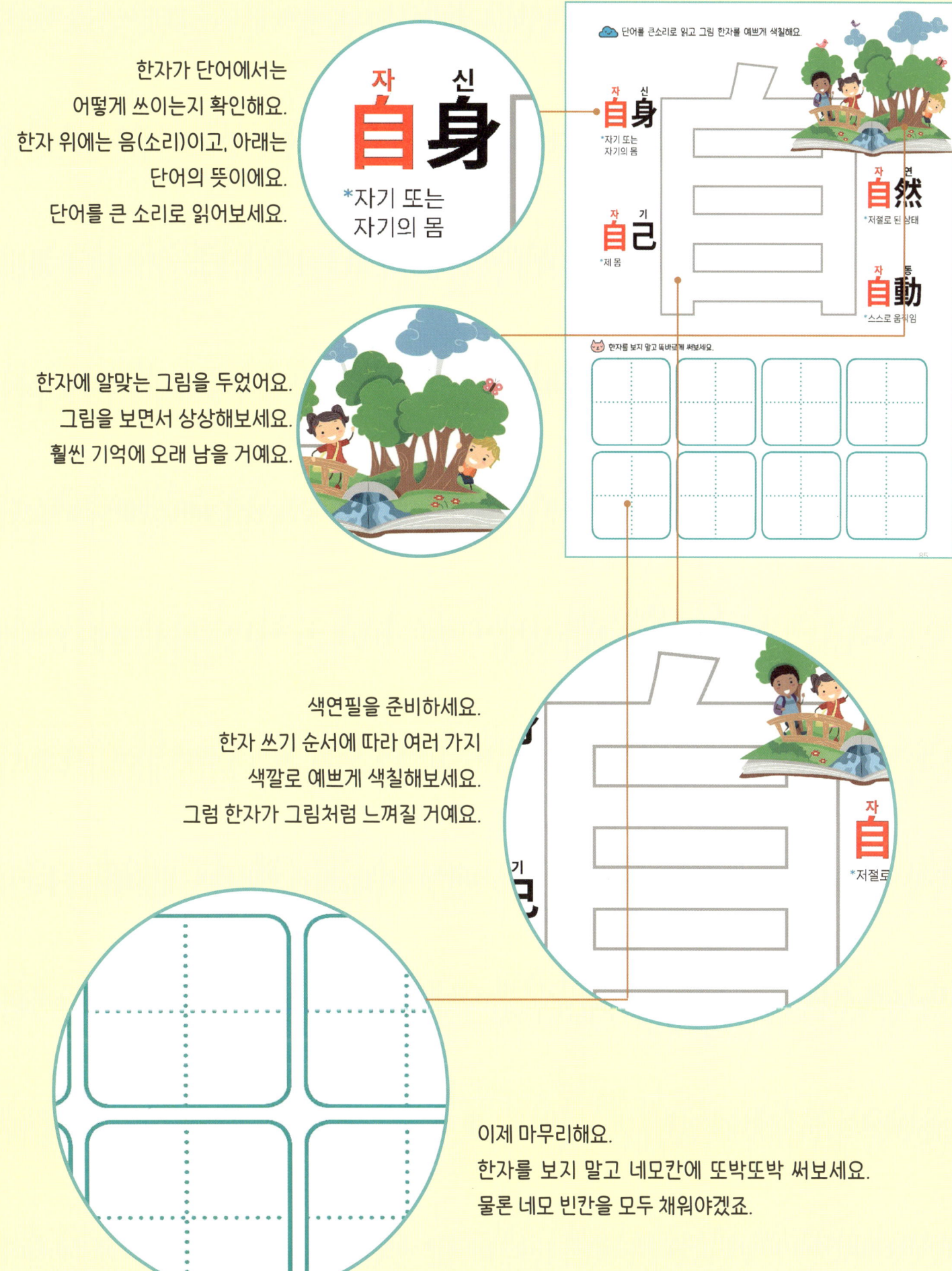

간

사이 간
between

손가락으로 화살표를 따라 그려보고 연필로 써보세요.

한자를 보고 천천히 따라 써보세요.

  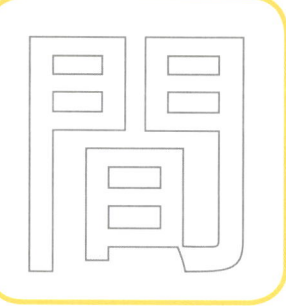 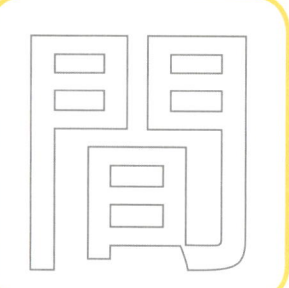

☁️ 단어를 큰소리로 읽고 그림 한자를 예쁘게 색칠해요.

인 간
人間
*사람

간 식
間食
*군음식을 먹음

중 간
中間
*두 사물의 사이

야 간
夜間
*밤

🐱 한자를 보지 말고 또박또박 써보세요.

🌅 손가락으로 화살표를 따라 그려보고 연필로 써보세요.

車

수레 거(차)
car

🐱 한자를 보고 천천히 따라 써보세요.

☁️ 단어를 큰소리로 읽고 그림 한자를 예쁘게 색칠해요.

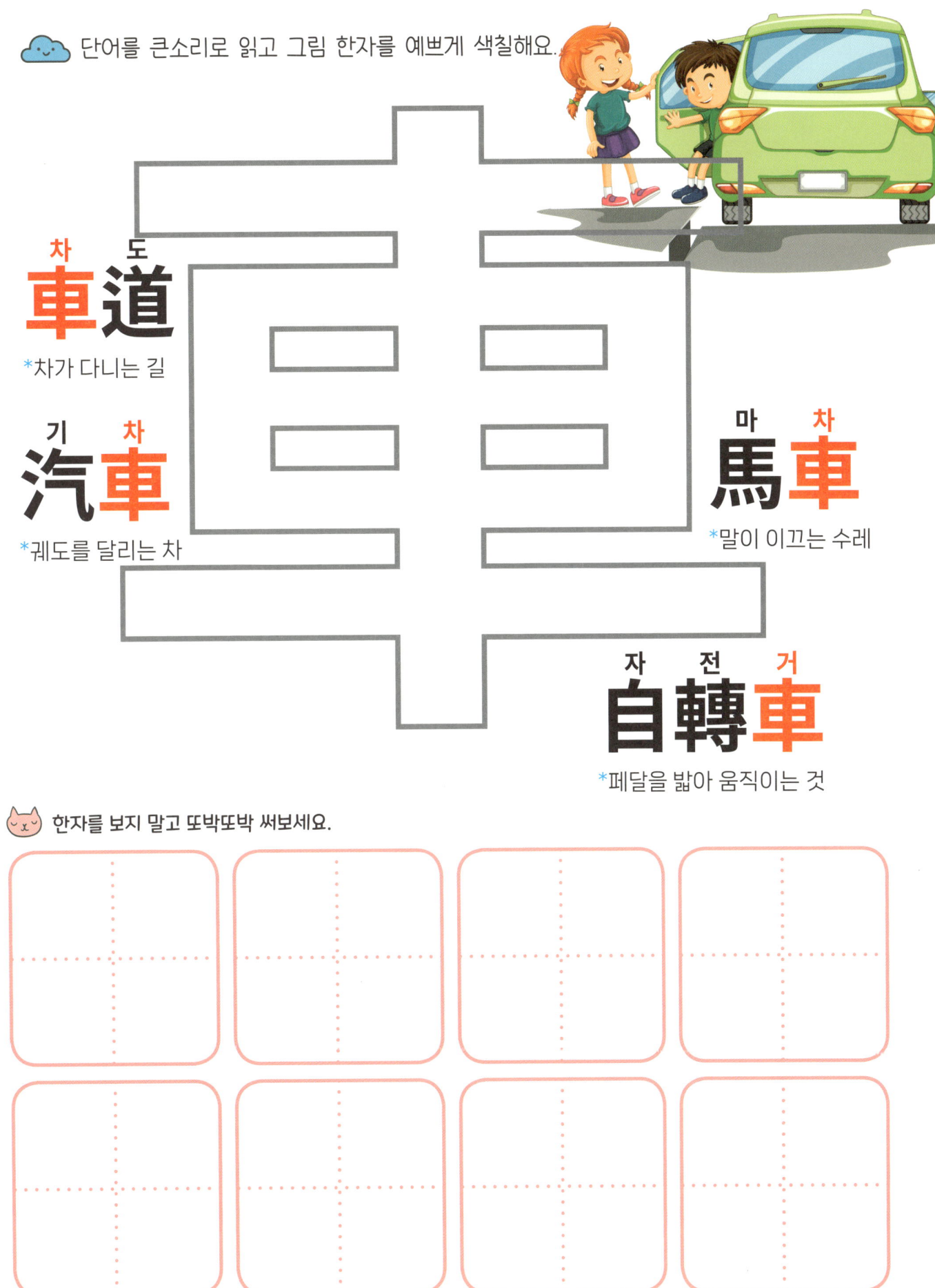

車道 (차도)
*차가 다니는 길

汽車 (기차)
*궤도를 달리는 차

馬車 (마차)
*말이 이끄는 수레

自轉車 (자전거)
*페달을 밟아 움직이는 것

🐱 한자를 보지 말고 또박또박 써보세요.

공
빌 공
empty

손가락으로 화살표를 따라 그려보고 연필로 써보세요.

한자를 보고 천천히 따라 써보세요.

☁️ 단어를 큰소리로 읽고 그림 한자를 예쁘게 색칠해요.

공 간
空間
*아무 것도 없는 빈 곳

공 중
空中
*하늘과 땅 사이의 빈 곳

공 항
空港
*비행기가 드나드는 곳

공 군
空軍
*하늘을 지키는 군대

🐱 한자를 보지 말고 또박또박 써보세요.

기

기록할 기
record

😊 손가락으로 화살표를 따라 그려보고 연필로 써보세요.

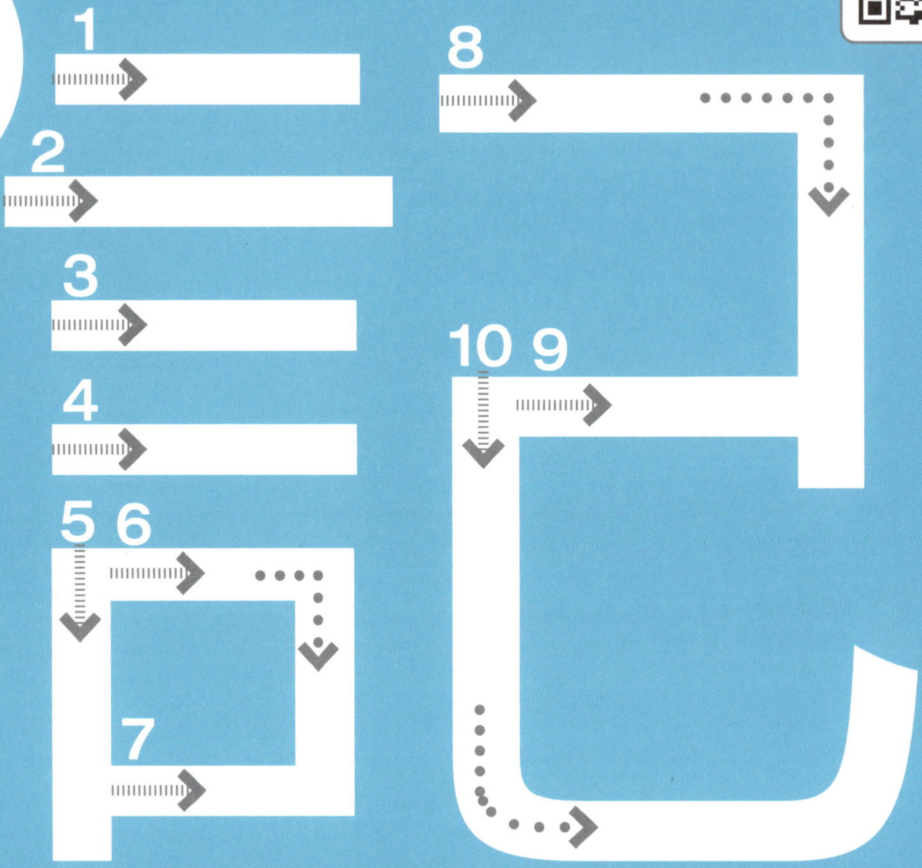

🐱 한자를 보고 천천히 따라 써보세요.

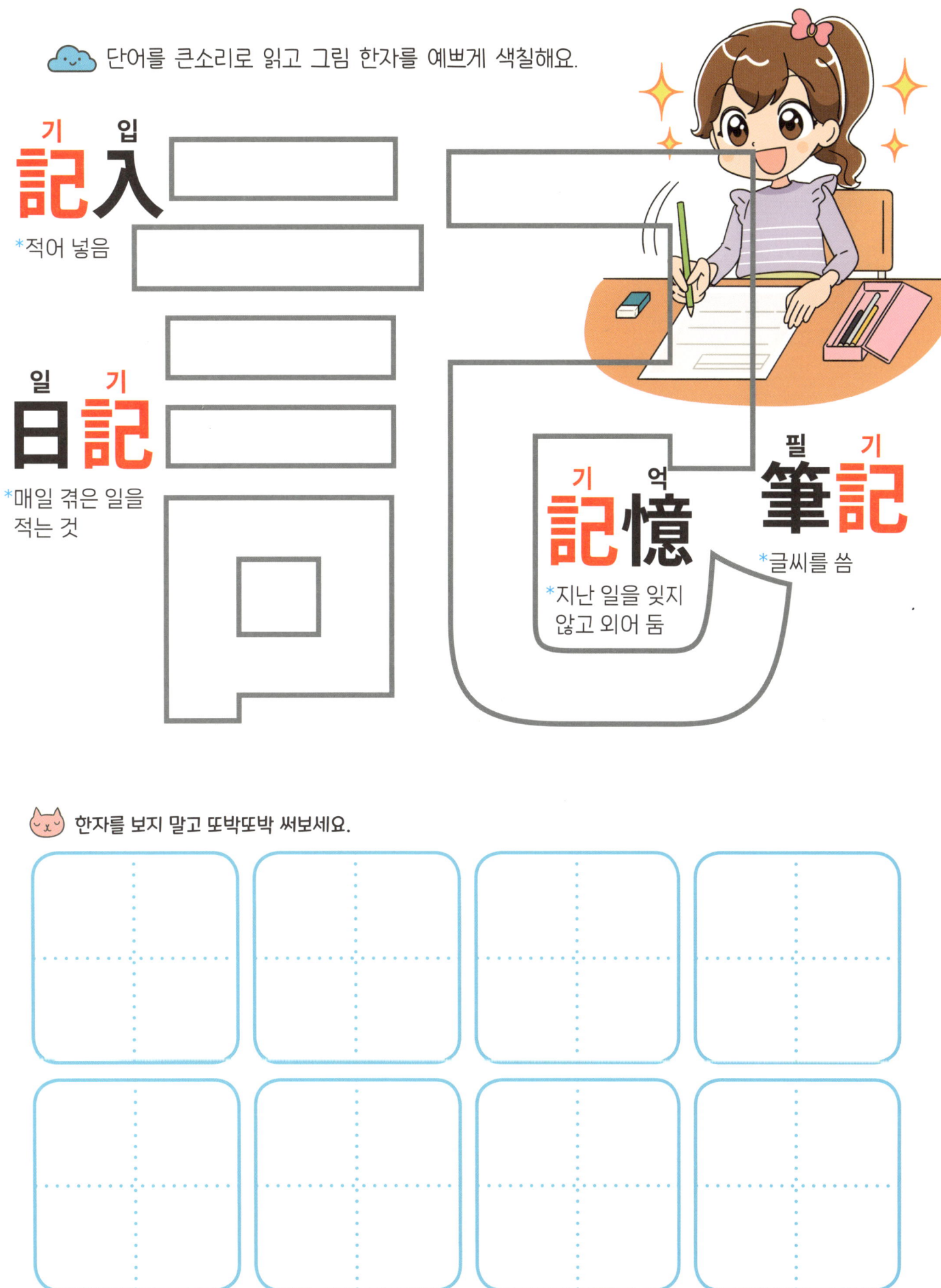

손가락으로 화살표를 따라 그려보고 연필로 써보세요.

도

길 도
road

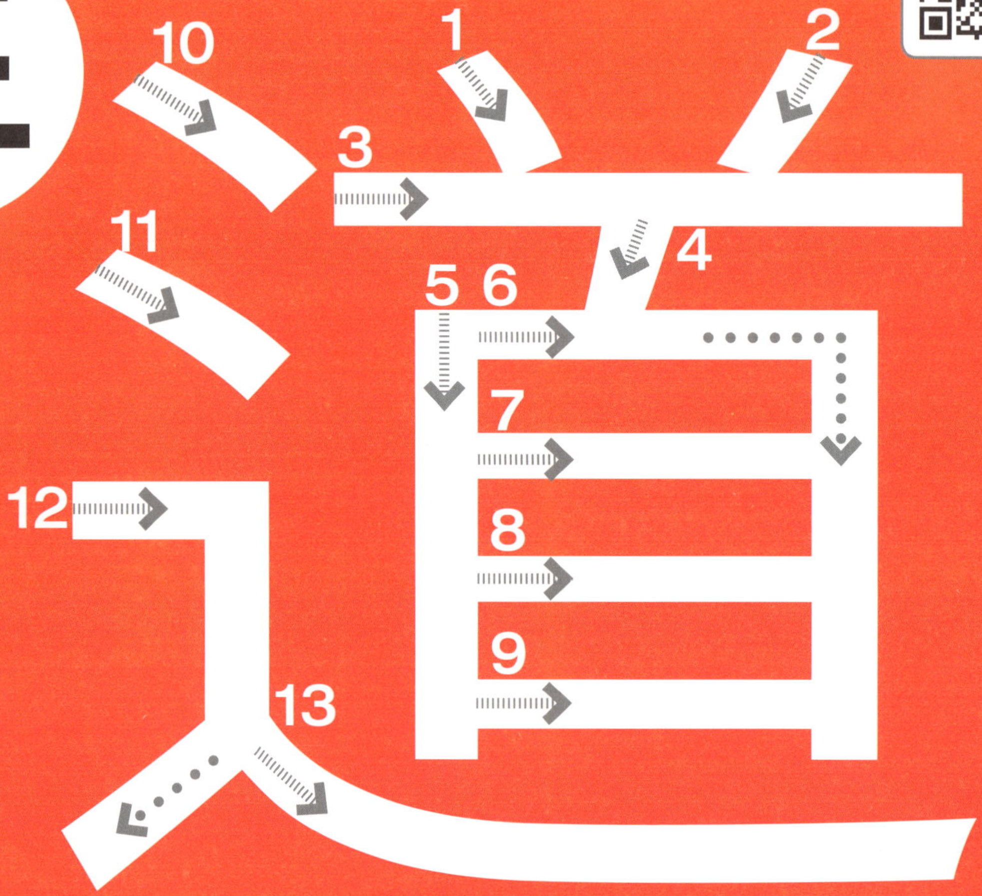

한자를 보고 천천히 따라 써보세요.

道	道	道	道
道	道	道	道

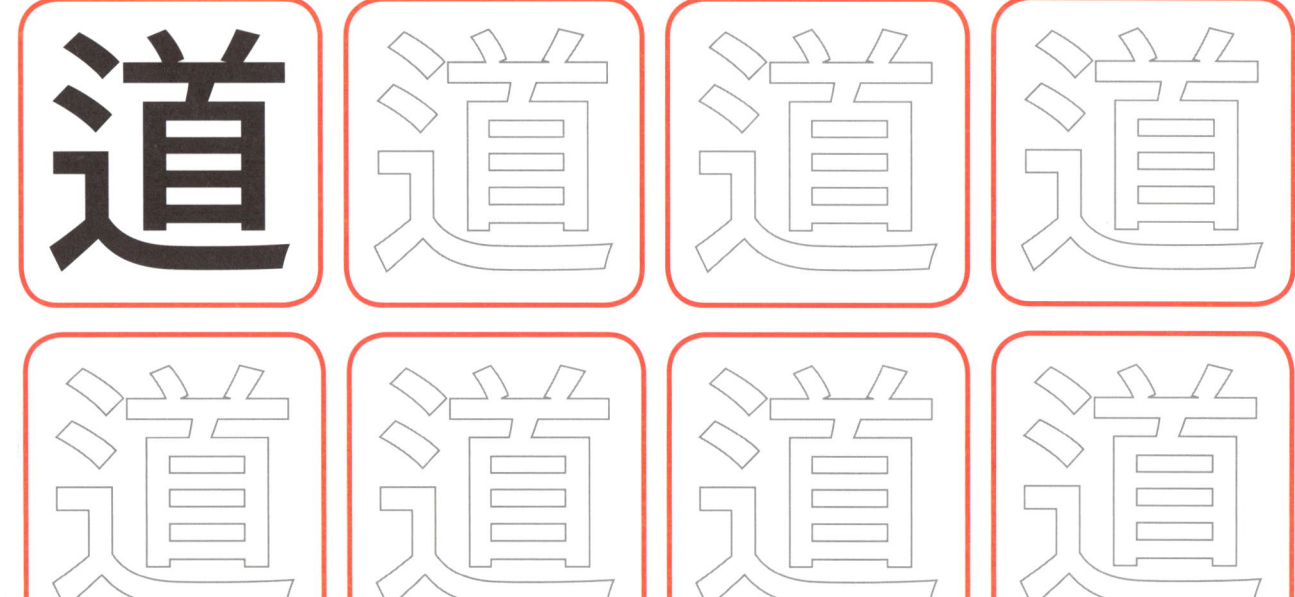

☁️ 단어를 큰소리로 읽고 그림 한자를 예쁘게 색칠해요.

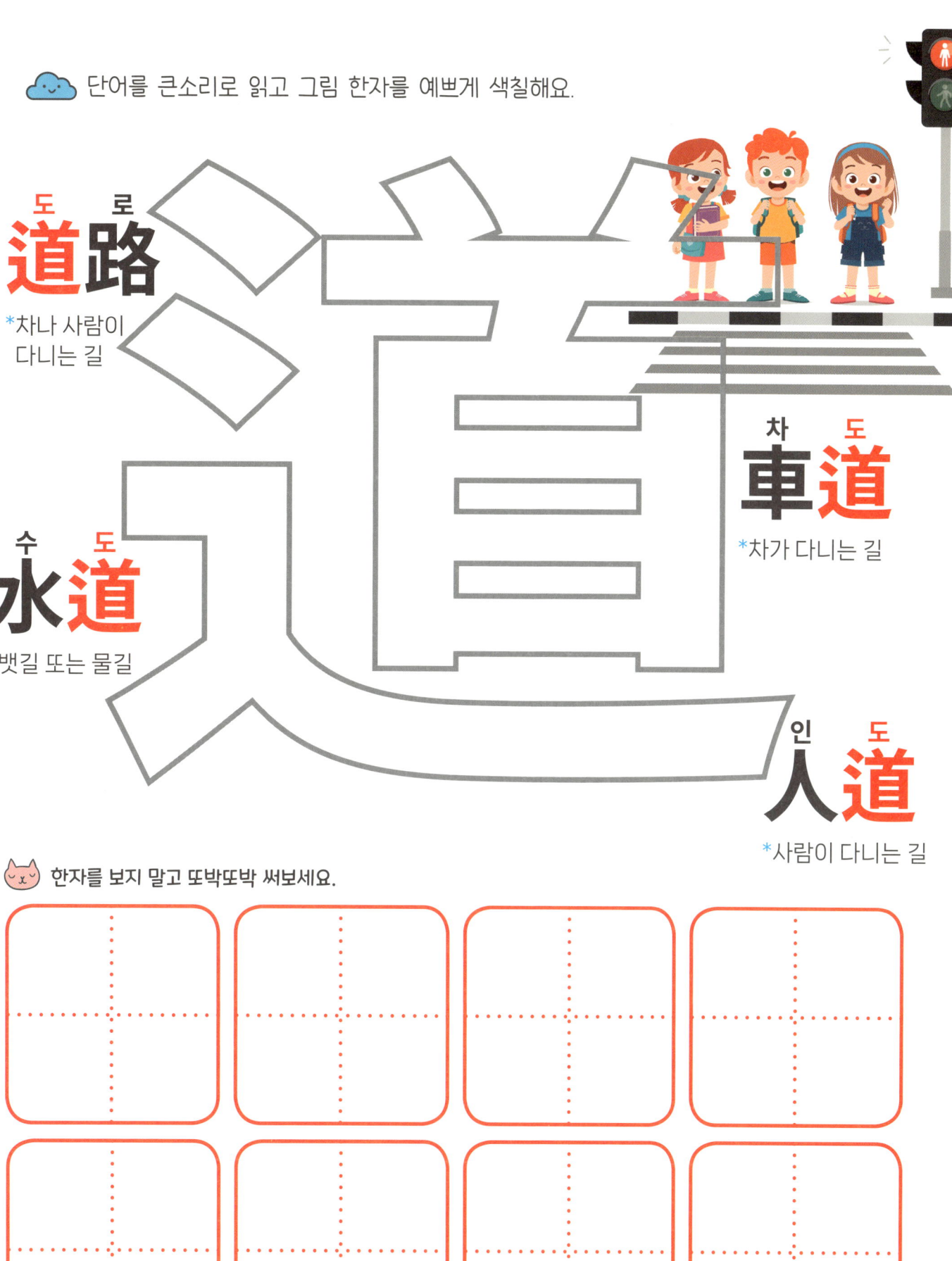

도 로
道路
*차나 사람이 다니는 길

수 도
水道
*뱃길 또는 물길

차 도
車道
*차가 다니는 길

인 도
人道
*사람이 다니는 길

🐱 한자를 보지 말고 또박또박 써보세요.

👍 다음 한자를 보고 알맞는 음(소리)을 선으로 연결해보세요.

道　·　　　　　·　거(차)
記　·　　　　　·　공
空　·　　　　　·　간
車　·　　　　　·　기
間　·　　　　　·　도

 다음 한자의 음훈(소리와 뜻)을 보고 알맞는 한자에 동그라미를 치세요

빌 공　　　　間　車　空　記　道

사이 간　　　間　車　空　記　道

길 도　　　　間　車　空　記　道

수레 거(차)　間　車　空　記　道

기록할 기　　間　車　空　記　道

다음 밑줄 친 한자의 독음(읽는 소리)을 동그라미에 써넣으세요.

○ 인<u>間</u>	○ 차<u>道</u>
○ <u>車</u>도	○ 중<u>間</u>
○ <u>空</u>간	○ 자전<u>車</u>
○ 일<u>記</u>	○ <u>空</u>항
○ <u>道</u>로	○ 필<u>記</u>

🐱 다음 음훈(소리와 뜻)에 알맞는 한자를 네모 칸에 써넣으세요.

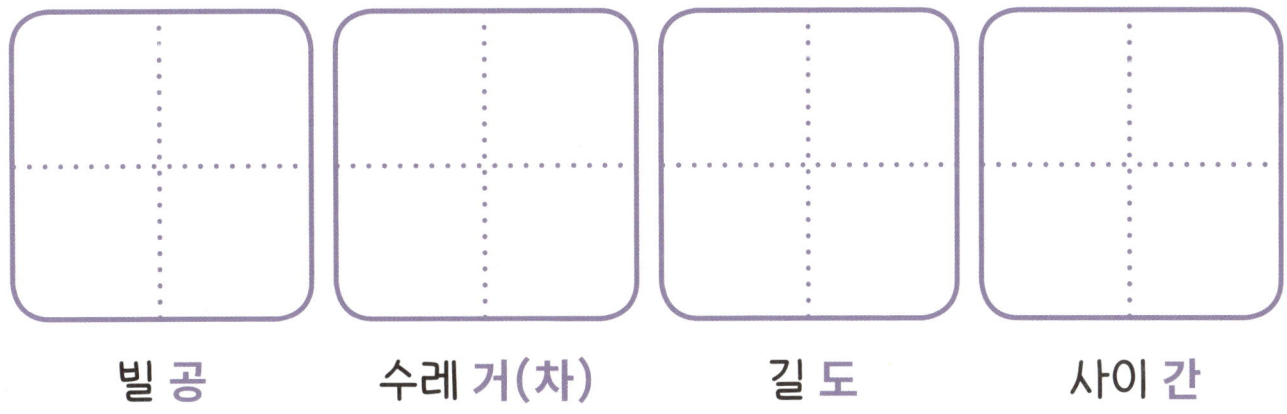

빌 공   수레 거(차)   길 도   사이 간

동

한가지 동

same

손가락으로 화살표를 따라 그려보고 연필로 써보세요.

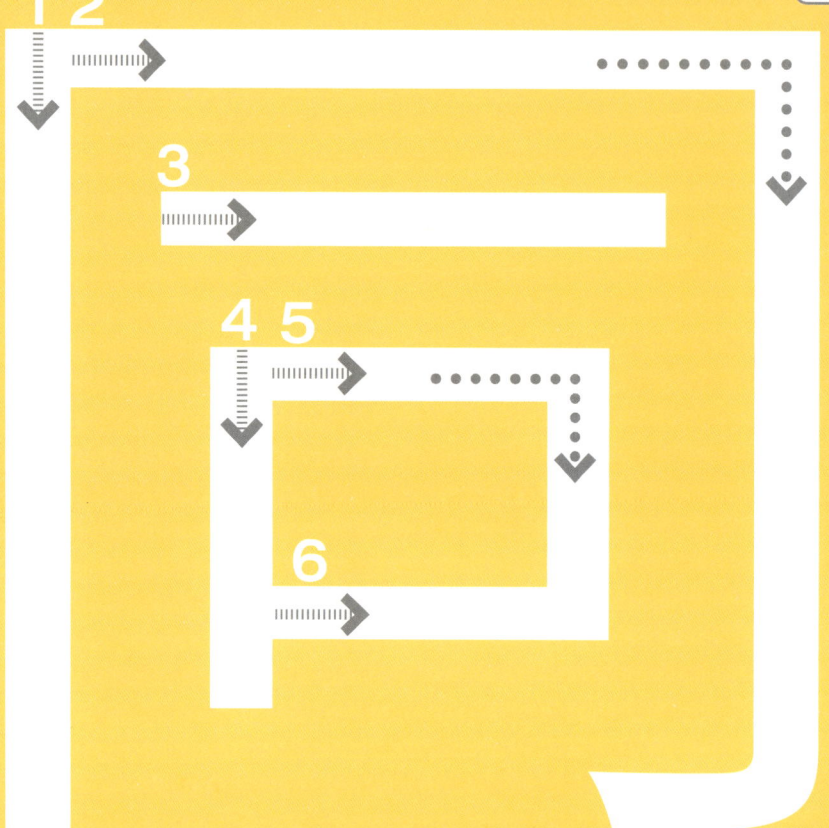

한자를 보고 천천히 따라 써보세요.

☁ 단어를 큰소리로 읽고 그림 한자를 예쁘게 색칠해요.

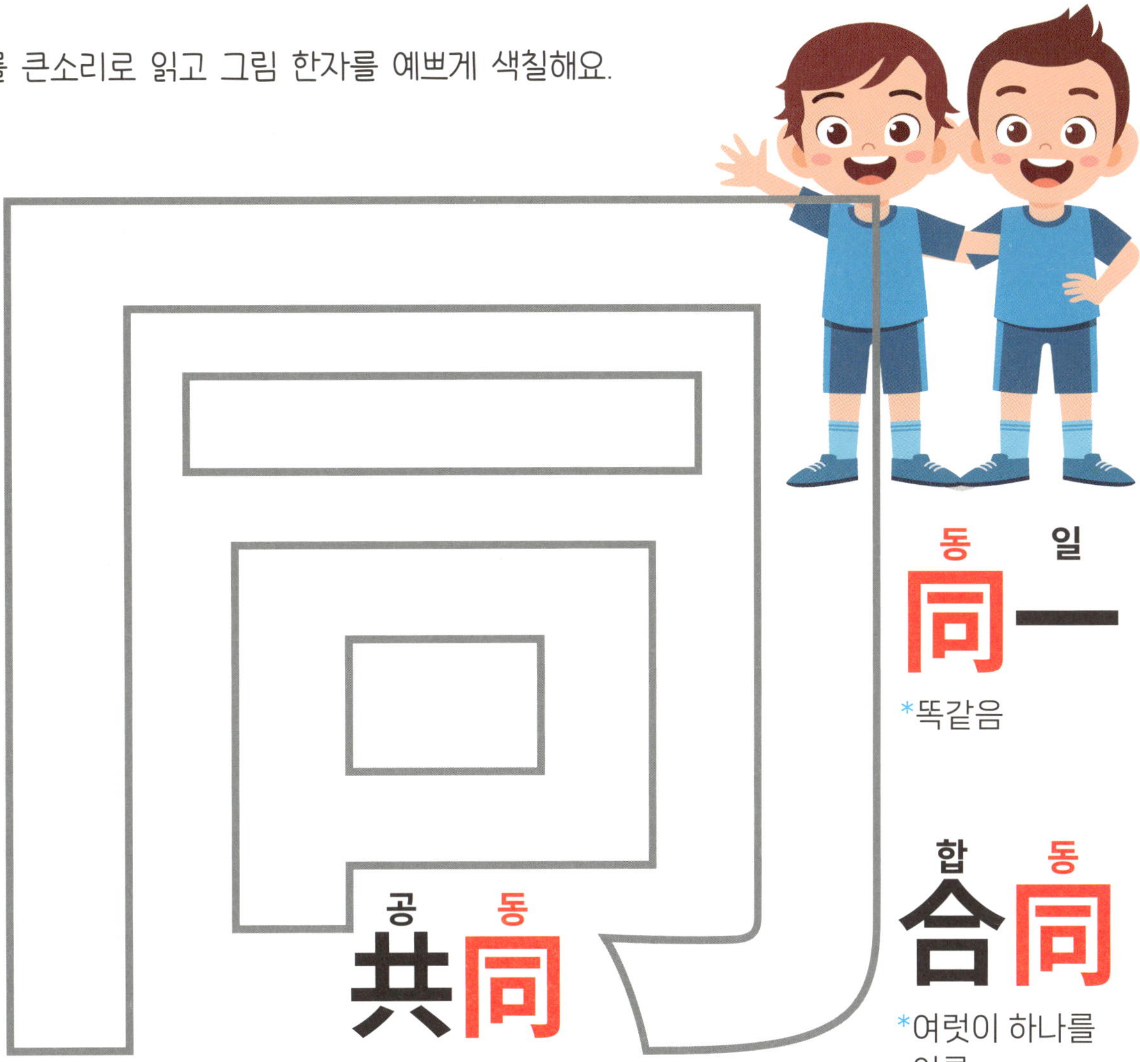

동 시
同時
*같은 때나 시기

동 일
同一
*똑같음

공 동
共同
*여럿이 일을 같이 함

합 동
合同
*여럿이 하나를 이룸

🐱 한자를 보지 말고 또박또박 써보세요.

동

움직일 동
move

손가락으로 화살표를 따라 그려보고 연필로 써보세요.

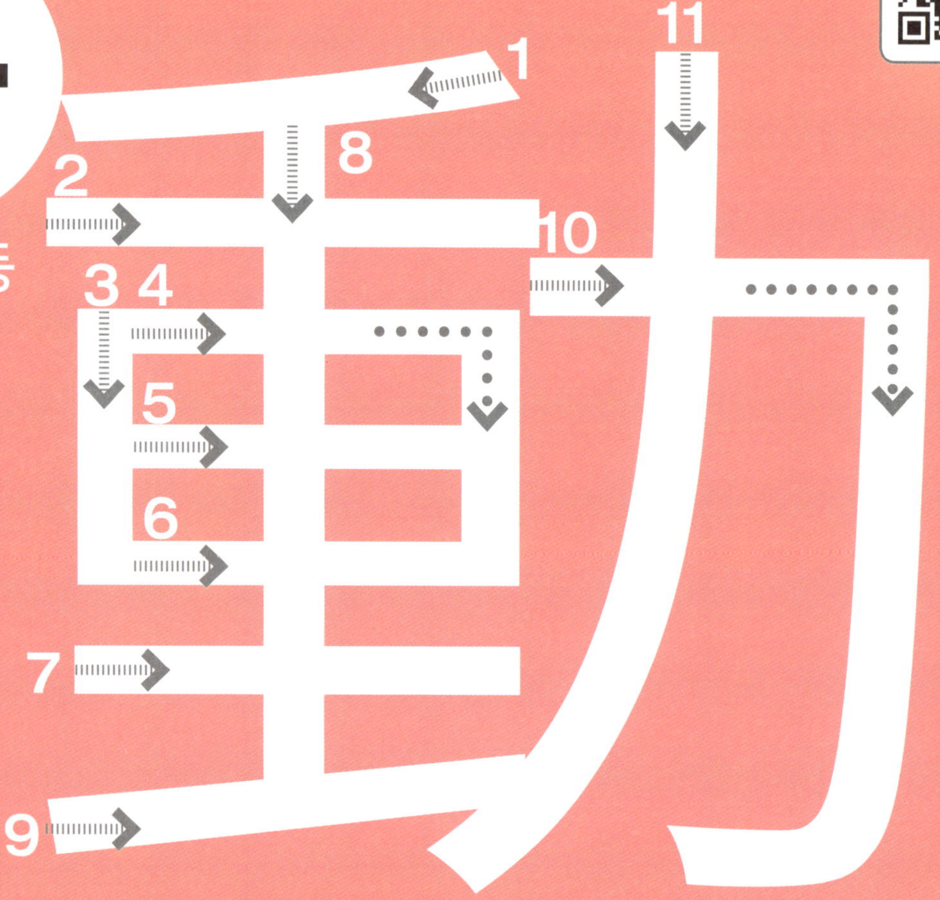

한자를 보고 천천히 따라 써보세요.

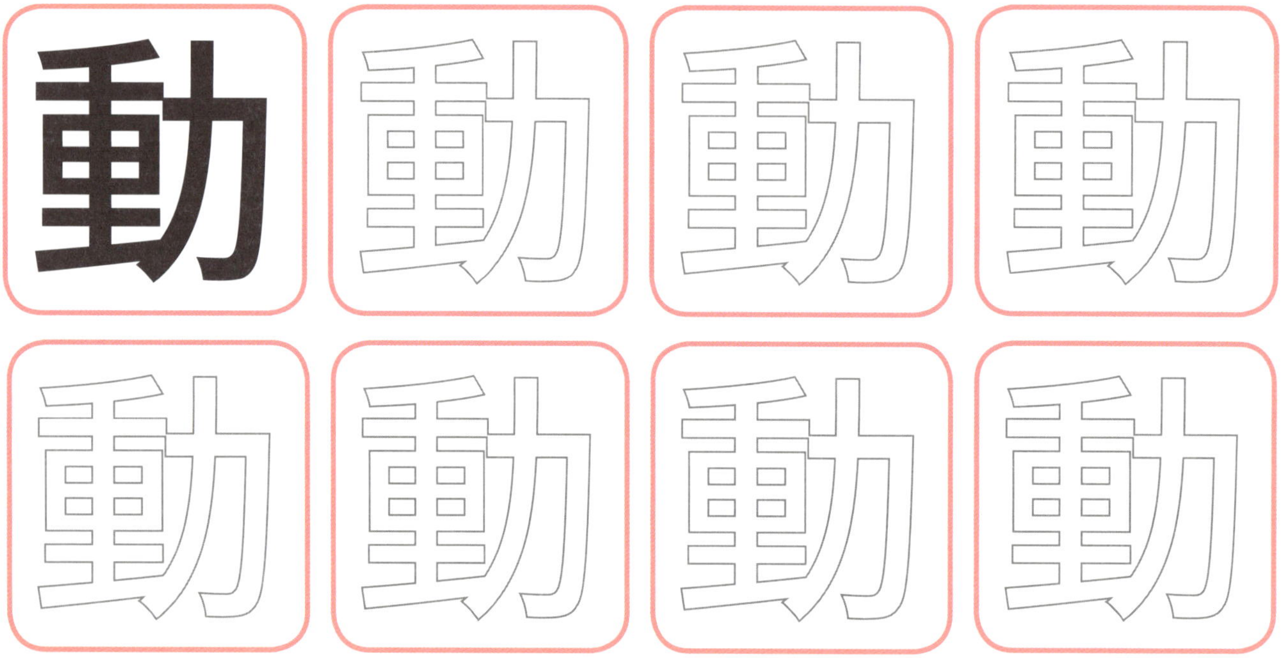

☁️ 단어를 큰소리로 읽고 그림 한자를 예쁘게 색칠해요.

자 동
自動
*스스로 움직임

이 동
移動
*움직여 옮김

동 작
動作
*몸을 움직임

활 동
活動
*몸을 움직여 행동함

🐱 한자를 보지 말고 또박또박 써보세요.

☀️ 손가락으로 화살표를 따라 그려보고 연필로 써보세요.

등

오를 등
climb

🐱 한자를 보고 천천히 따라 써보세요.

☁️ 단어를 큰소리로 읽고 그림 한자를 예쁘게 색칠해요.

登^교校 ^등
*학교에 감

登^장場 ^등
*장소에 나타남

登^산山 ^등
*산에 오름

登^록錄 ^등
*문서에 올림

🐱 한자를 보지 말고 또박또박 써보세요.

로

늙을 로
old

손가락으로 화살표를 따라 그려보고 연필로 써보세요.

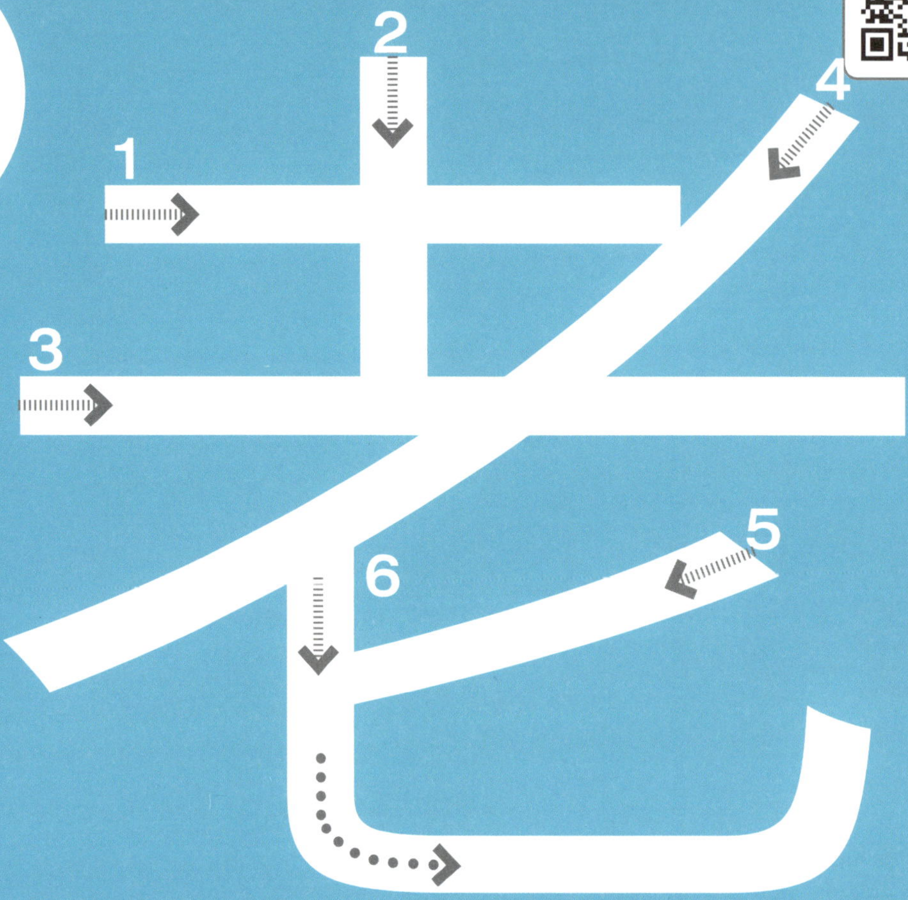

한자를 보고 천천히 따라 써보세요.

단어를 큰소리로 읽고 그림 한자를 예쁘게 색칠해요.

노소
老少
*늙은이와 젊은이

노후
老後
*늙어진 뒤

노약자
老弱者
*늙은이와 약한 사람

노인
老人
*나이가 들어 늙은 사람

한자를 보지 말고 또박또박 써보세요.

림
수풀 림
forest

손가락으로 화살표를 따라 그려보고 연필로 써보세요.

한자를 보고 천천히 따라 써보세요.

단어를 큰소리로 읽고 그림 한자를 예쁘게 색칠해요.

林野 (임야)
*숲과 들

密林 (밀림)
*정글

森林 (삼림)
*나무가 우거진 숲

林業 (임업)
*삼림을 운영하는 사업

한자를 보지 말고 또박또박 써보세요.

다음 한자를 보고 알맞는 음(소리)을 선으로 연결해보세요.

林	·		·	동 (한가지)
老	·		·	등
登	·		·	동 (움직일)
動	·		·	로
同	·		·	림

다음 한자의 음훈(소리와 뜻)을 보고 알맞은 한자에 동그라미를 치세요

늙을 로   同 動 登 老 林

한가지 동   同 動 登 老 林

수풀 림   同 動 登 老 林

오를 등   同 動 登 老 林

움직일 동   同 動 登 老 林

다음 밑줄 친 한자의 독음(읽는 소리)을 동그라미에 써넣으세요.

○ 同시 ○ 밀林

○ 자動 ○ 공同

○ 登교 ○ 動작

○ 老인 ○ 登장

○ 삼林 ○ 老약자

다음 음훈(소리와 뜻)에 알맞는 한자를 네모 칸에 써넣으세요.

수풀 림   늙을 로   오를 등   한가지 동

면

낯 면
face

손가락으로 화살표를 따라 그려보고 연필로 써보세요.

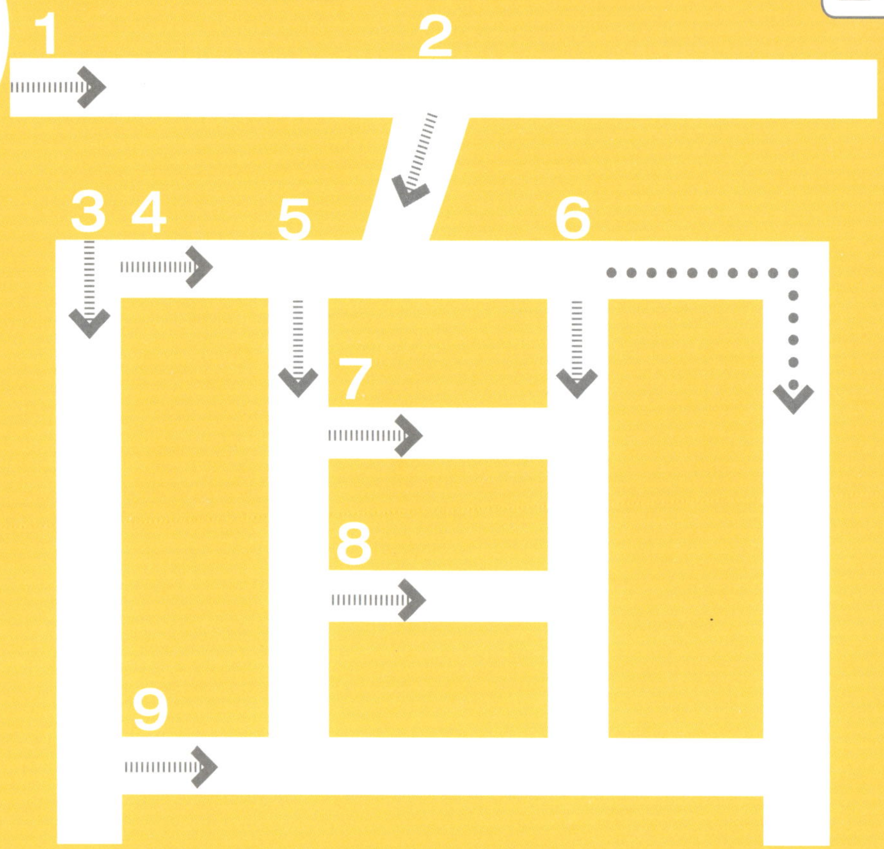

한자를 보고 천천히 따라 써보세요.

☁️ 단어를 큰소리로 읽고 그림 한자를 예쁘게 색칠해요.

가 면
假面
*탈

전 면
前面
*앞면

양 면
兩面
*양쪽

대 면
對面
*마주 보고 대함

🐱 한자를 보지 말고 또박또박 써보세요.

손가락으로 화살표를 따라 그려보고 연필로 써보세요.

명

이름 명

name

한자를 보고 천천히 따라 써보세요.

名	名	名	名
名	名	名	名

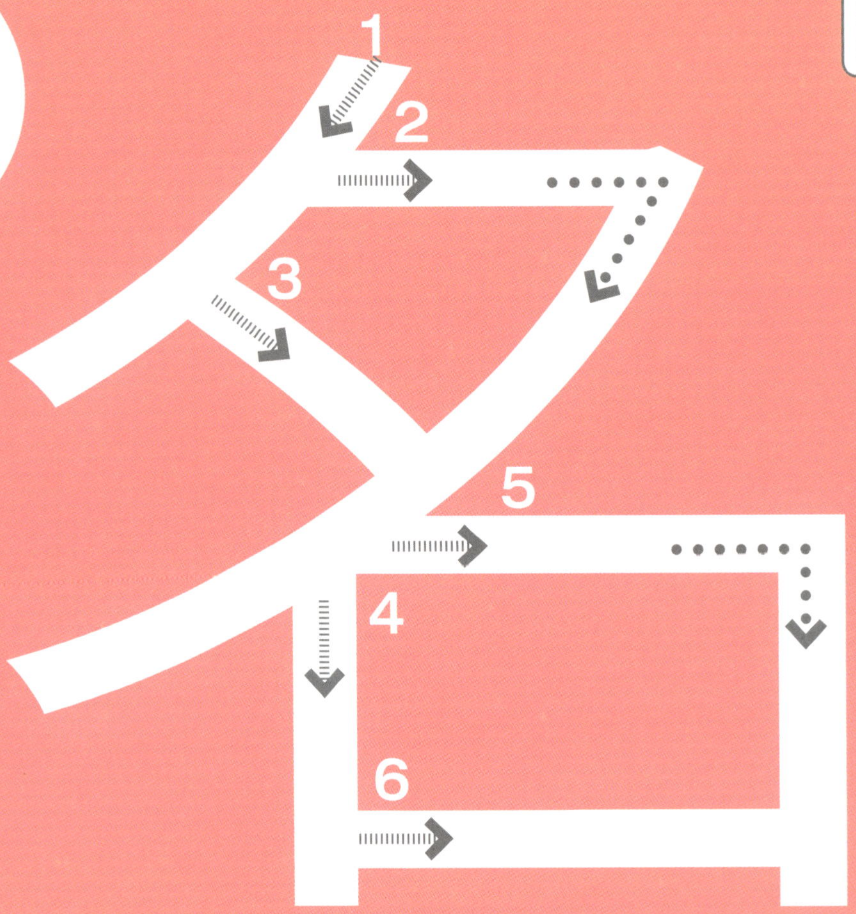

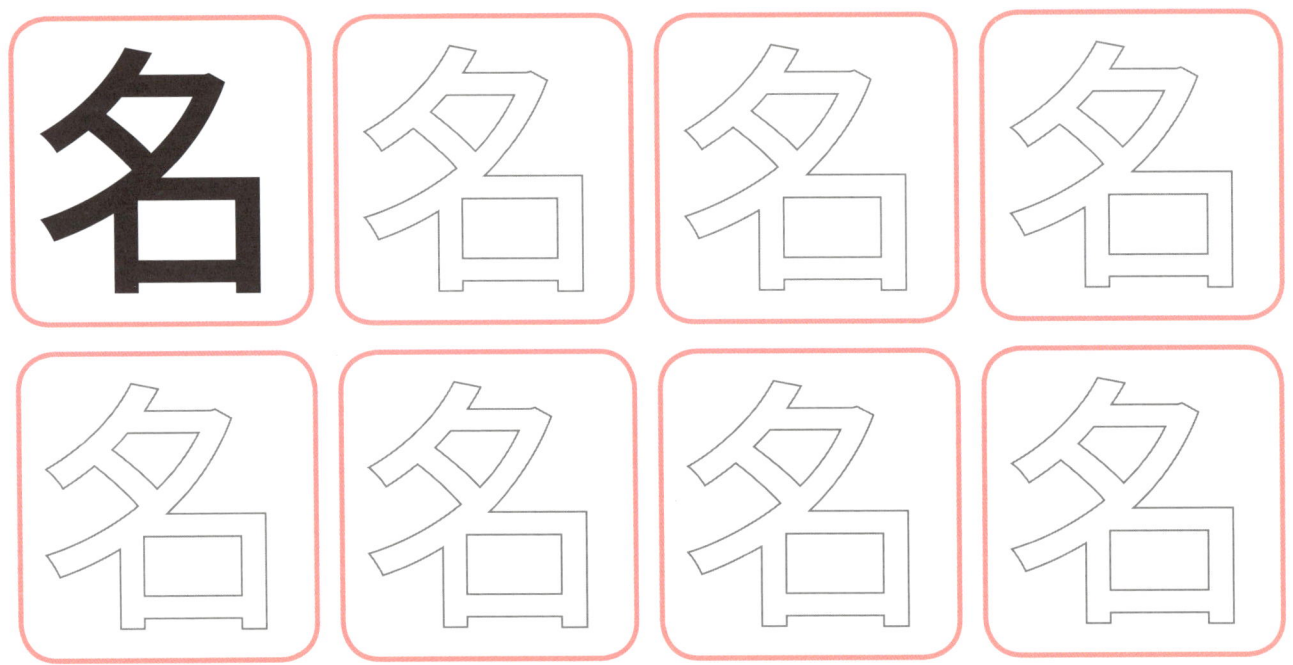

☁️ 단어를 큰소리로 읽고 그림 한자를 예쁘게 색칠해요.

명 언
名言
*훌륭한 말

유 명
有名
*이름이 널리 알려짐

성 명
姓名
*성과 이름

별 명
別名
*달리 부르는 이름

🐱 한자를 보지 말고 또박또박 써보세요.

명

목숨 명
life

손가락으로 화살표를 따라 그려보고 연필로 써보세요.

한자를 보고 천천히 따라 써보세요.

☁ 단어를 큰소리로 읽고 그림 한자를 예쁘게 색칠해요.

명령
命令
*무엇을 하도록 시킴

명명
命名
*이름을 붙임

생명
生**命**
*목숨

운명
運**命**
*타고난 것

🐱 한자를 보지 말고 또박또박 써보세요.

문

글월 문
sentence

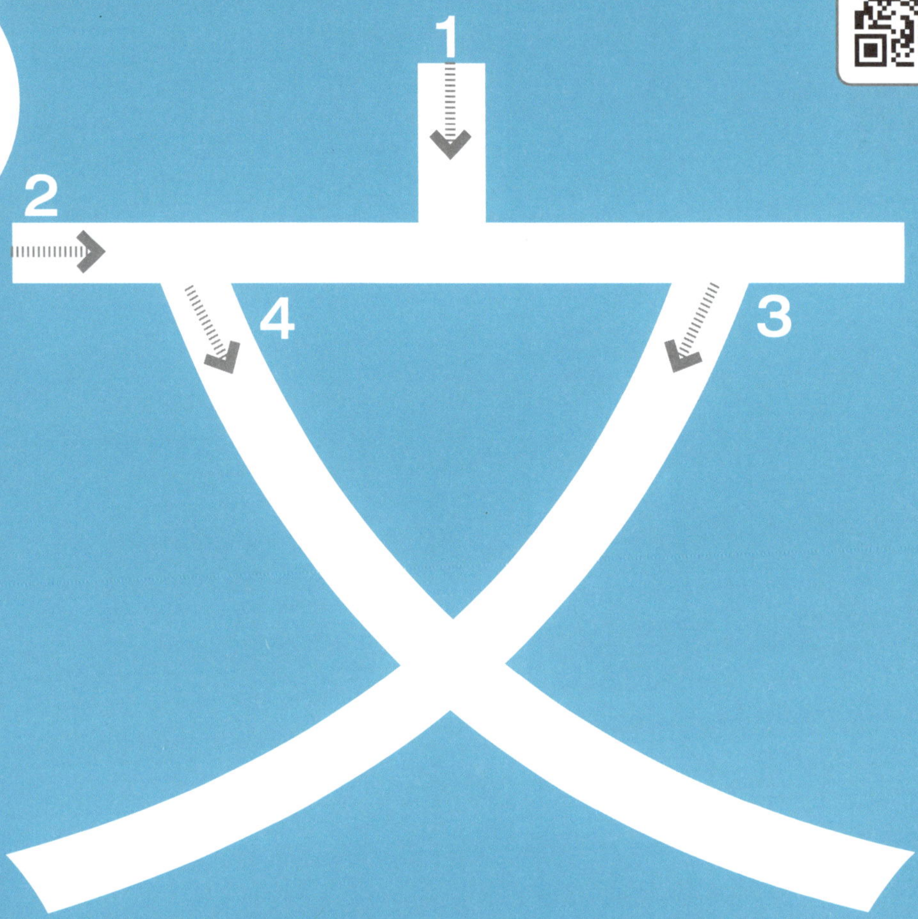

손가락으로 화살표를 따라 그려보고 연필로 써보세요.

한자를 보고 천천히 따라 써보세요.

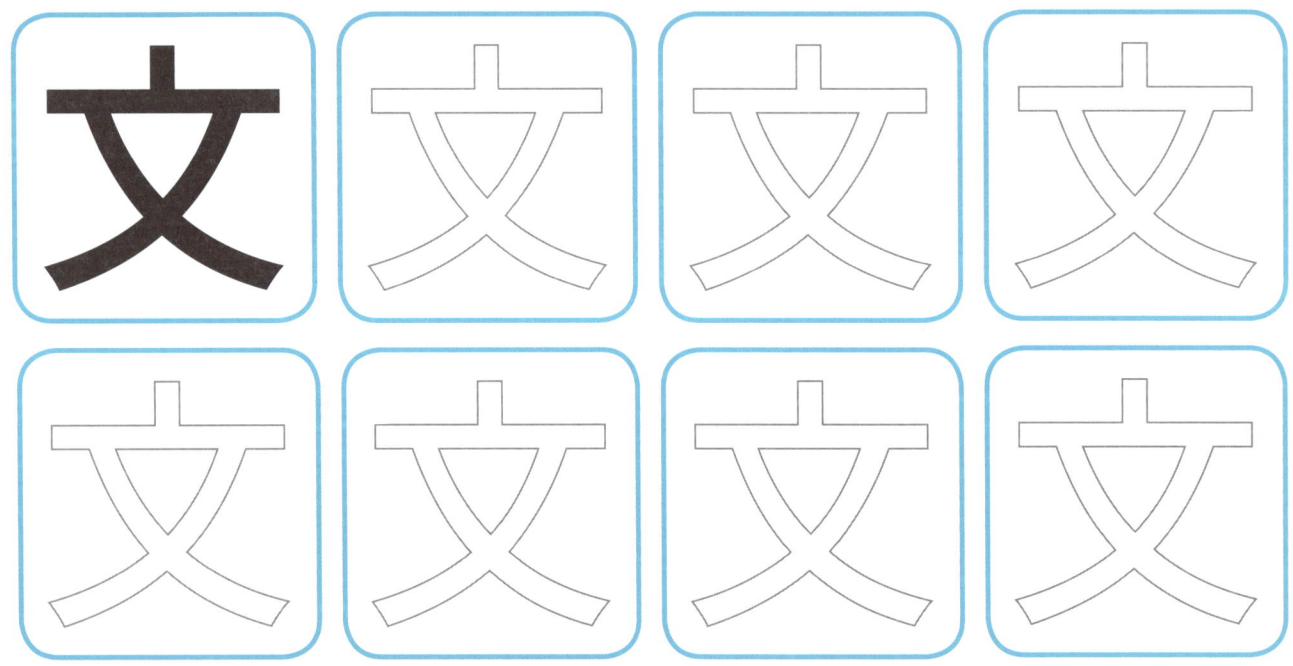

단어를 큰소리로 읽고 그림 한자를 예쁘게 색칠해요.

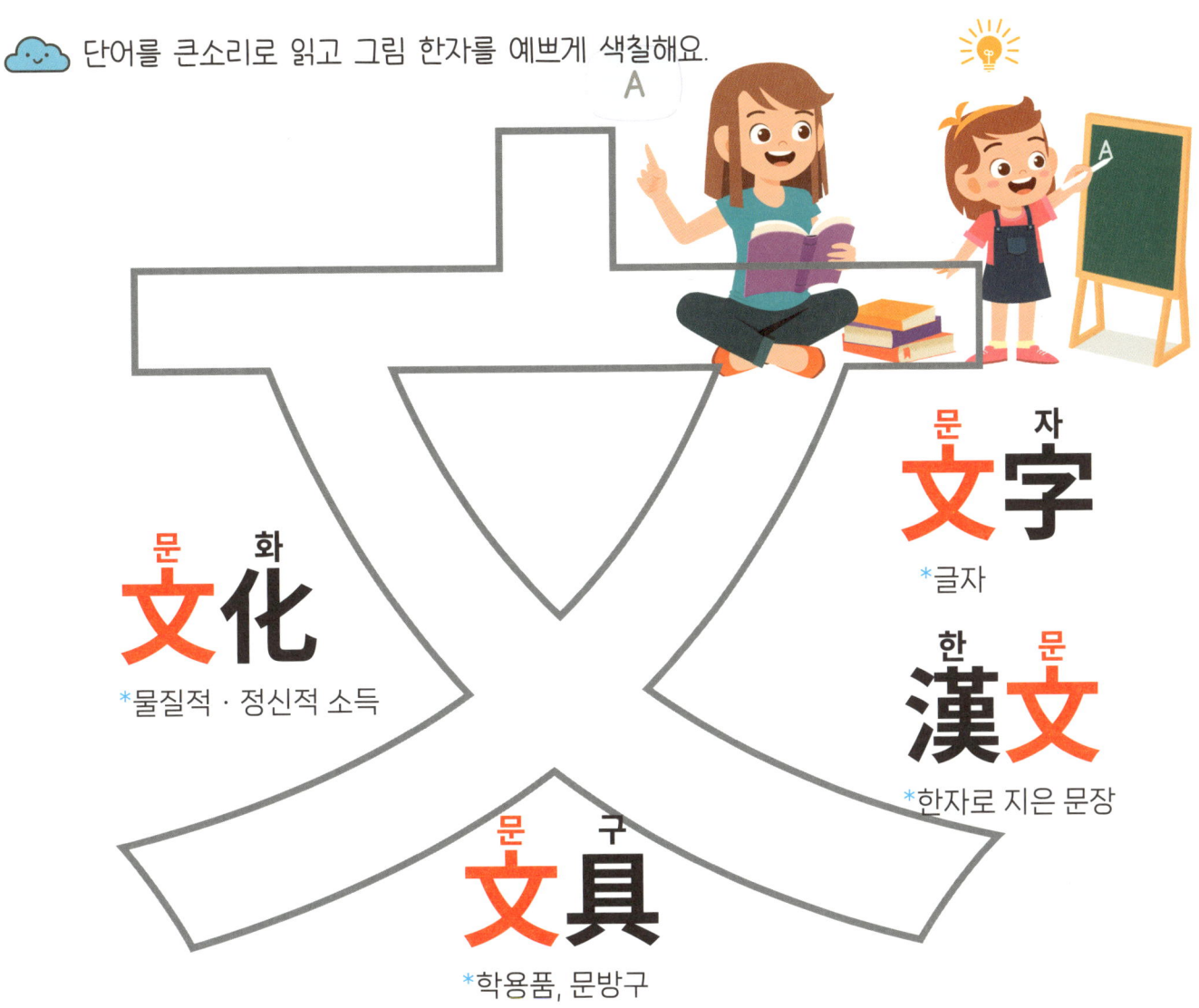

문화
文化
*물질적 · 정신적 소득

문자
文字
*글자

한문
漢文
*한자로 지은 문장

문구
文具
*학용품, 문방구

한자를 보지 말고 또박또박 써보세요.

물을 문
ask

손가락으로 화살표를 따라 그려보고 연필로 써보세요.

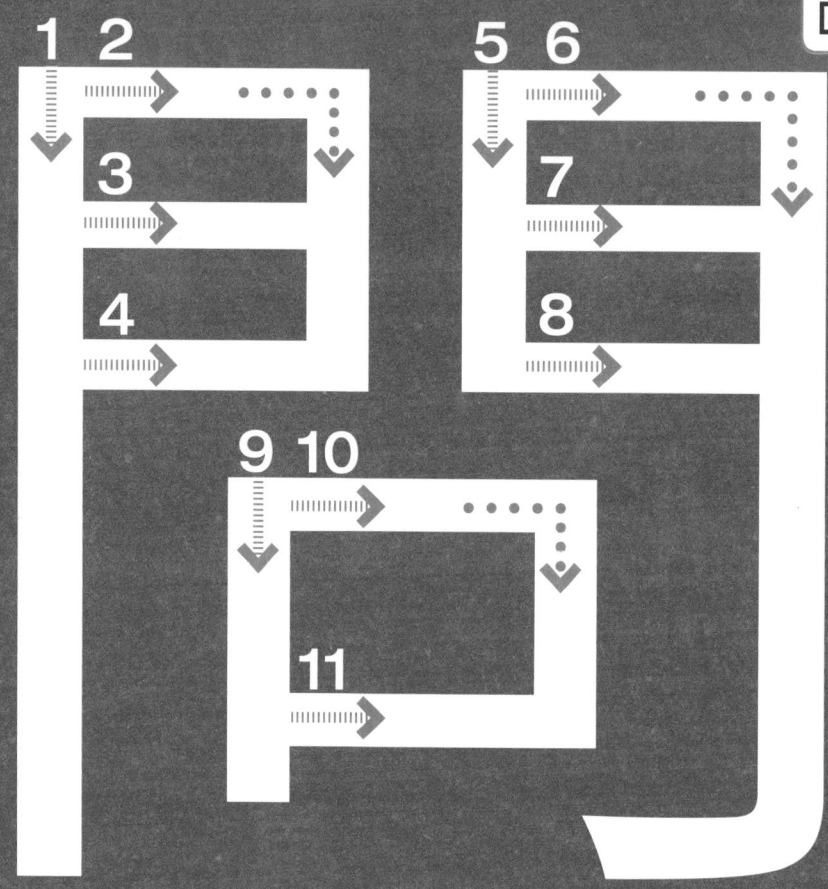

한자를 보고 천천히 따라 써보세요.

 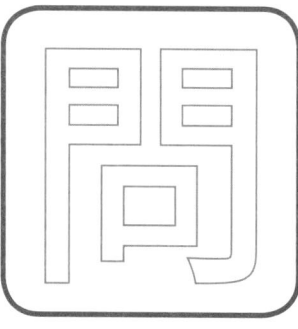 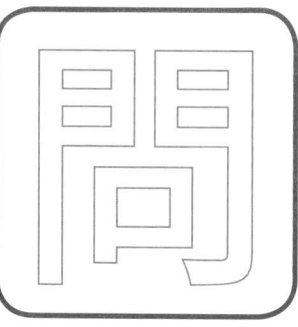 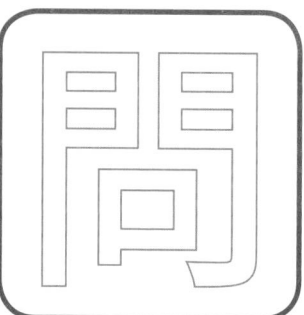

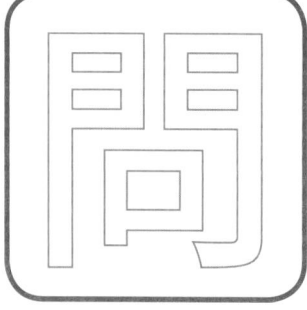 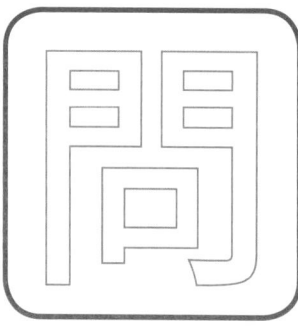 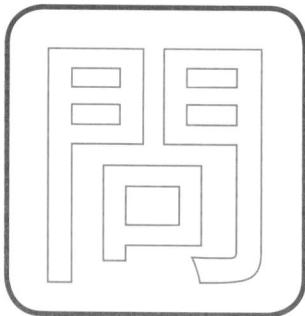 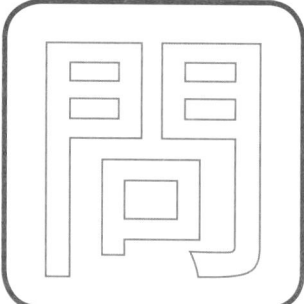

☁️ 단어를 큰소리로 읽고 그림 한자를 예쁘게 색칠해요.

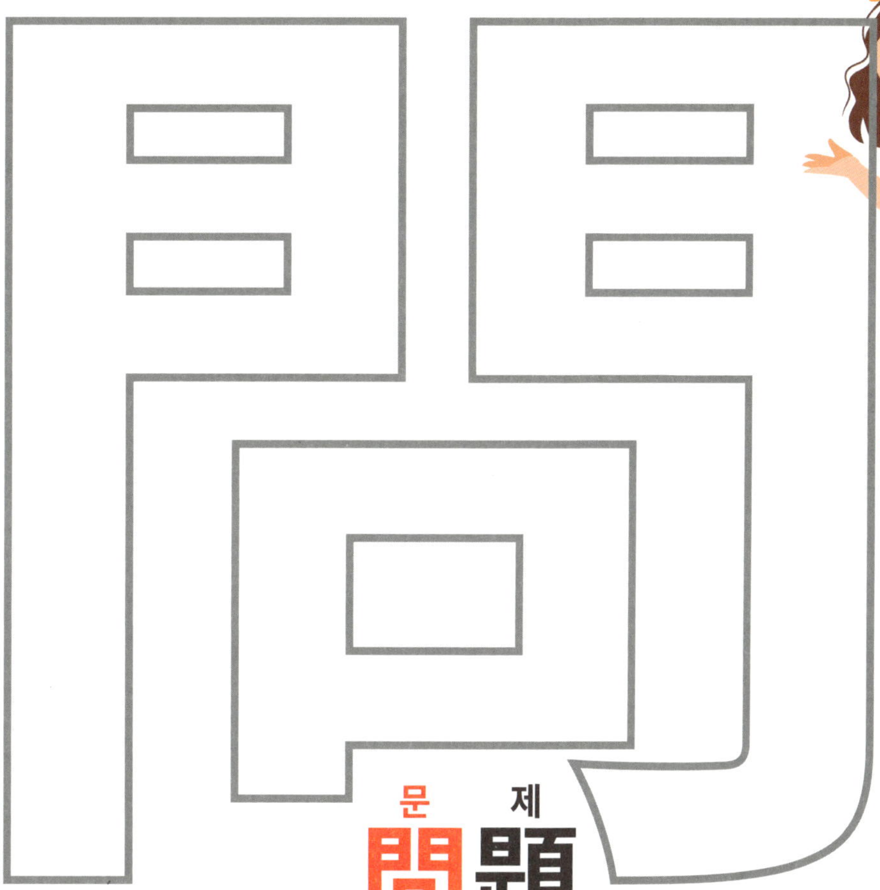

문 답
問答
*물음과 대답

방 문
訪問
*남을 찾아가 봄

질 문
質問
*알고자 하는 물음

문 제
問題
*답을 얻으려는 물음

🐱 한자를 보지 말고 또박또박 써보세요.

👍 다음 한자를 보고 알맞는 음(소리)을 선으로 연결해보세요.

🍦 다음 한자의 음훈(소리와 뜻)을 보고 알맞는 한자에 동그라미를 치세요

다음 밑줄 친 한자의 독음(읽는 소리)을 동그라미에 써넣으세요.

◯ 가<u>面</u>		◯ 질<u>問</u>	
◯ <u>名</u>언		◯ 전<u>面</u>	
◯ <u>命</u>령		◯ 성<u>名</u>	
◯ <u>文</u>자		◯ 생<u>命</u>	
◯ <u>問</u>답		◯ 한<u>文</u>	

다음 음훈(소리와 뜻)에 알맞은 한자를 네모 칸에 써넣으세요.

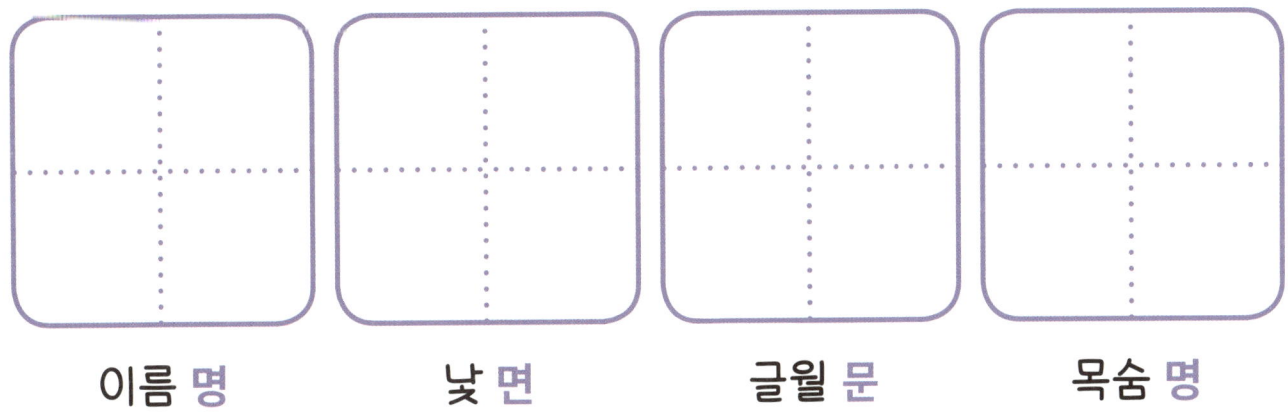

이름 명 　　　 낯 면 　　　 글월 문 　　　 목숨 명

손가락으로 화살표를 따라 그려보고 연필로 써보세요.

物
물건 물
thing

한자를 보고 천천히 따라 써보세요.

| 物 | 物 | 物 | 物 |
| 物 | 物 | 物 | 物 |

☁️ 단어를 큰소리로 읽고 그림 한자를 예쁘게 색칠해요.

物件 물건
*모양을 갖춘 것

物品 물품
*쓸만한 물건

動物 동물
*살아 움직이는 생물

人物 인물
*됨됨이로 본 사람

🐱 한자를 보지 말고 또박또박 써보세요.

손가락으로 화살표를 따라 그려보고 연필로 써보세요.

방
모 방
square

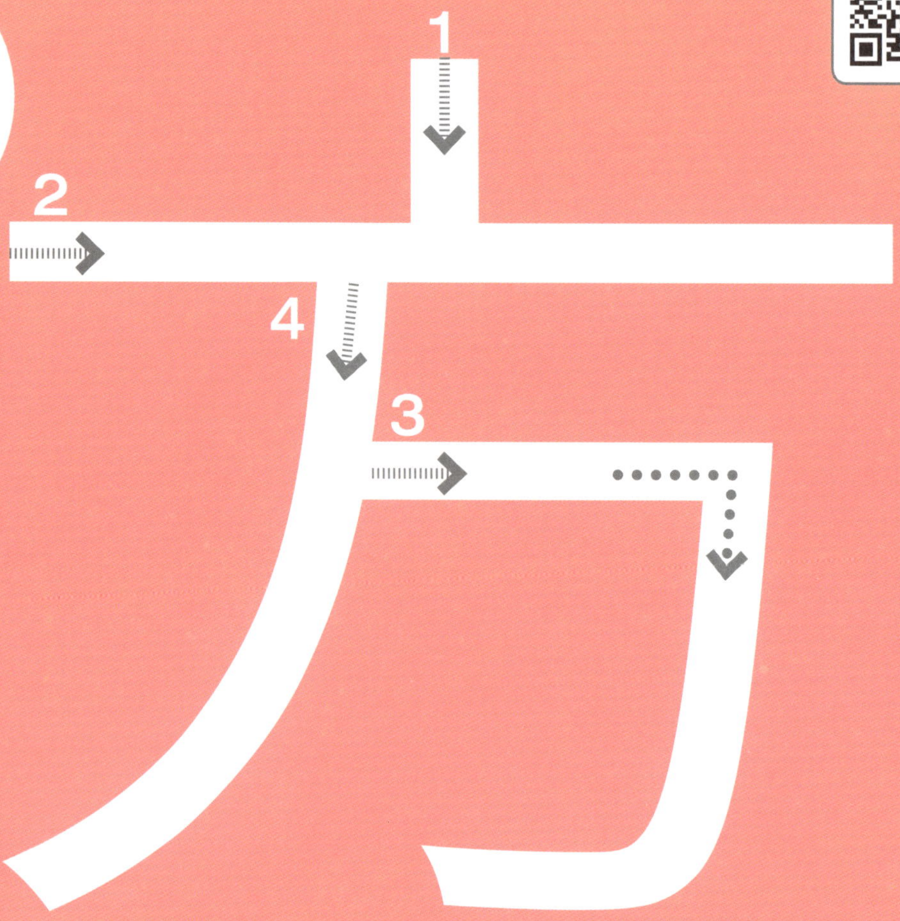

한자를 보고 천천히 따라 써보세요.

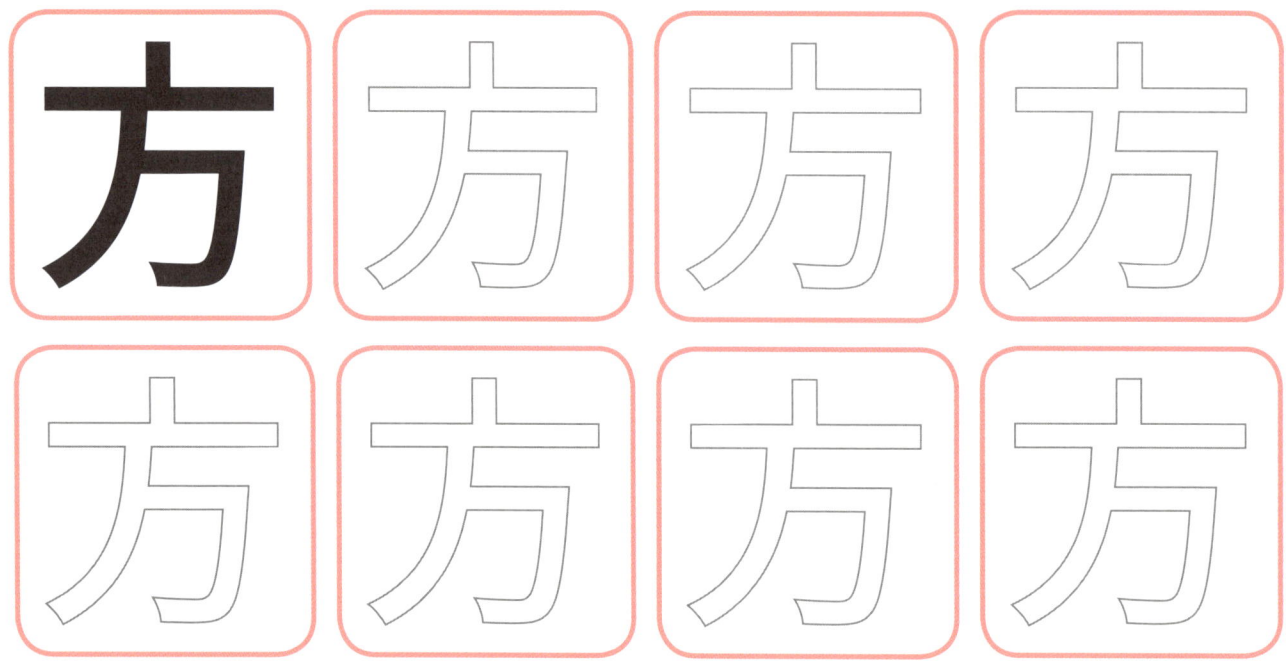

단어를 큰소리로 읽고 그림 한자를 예쁘게 색칠해요.

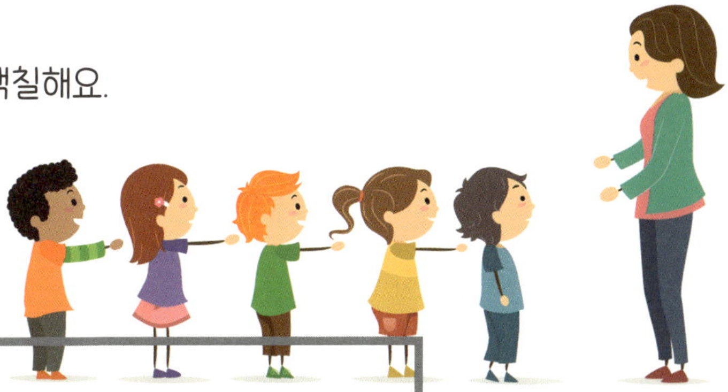

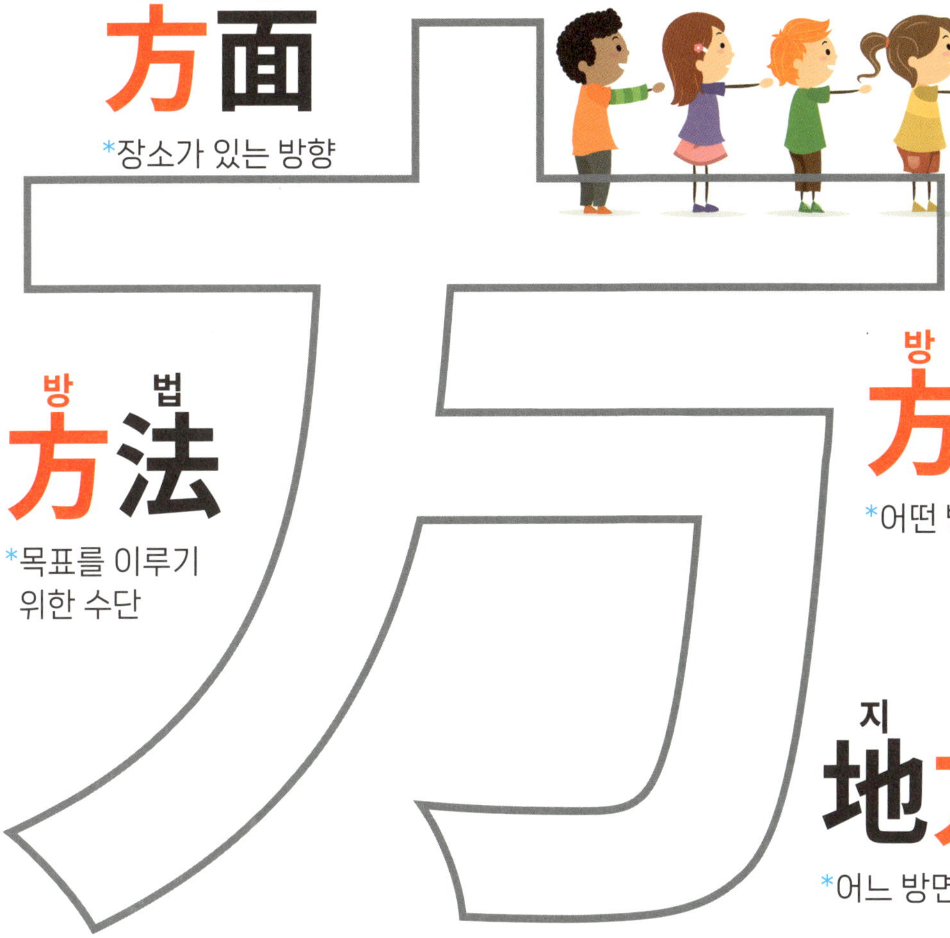

방 면
方面

*장소가 있는 방향

방 법
方法

*목표를 이루기 위한 수단

방 향
方向

*어떤 방위를 향한 쪽

지 방
地方

*어느 방면의 땅

한자를 보지 말고 또박또박 써보세요.

부

지아비 부
husband

손가락으로 화살표를 따라 그려보고 연필로 써보세요.

한자를 보고 천천히 따라 써보세요.

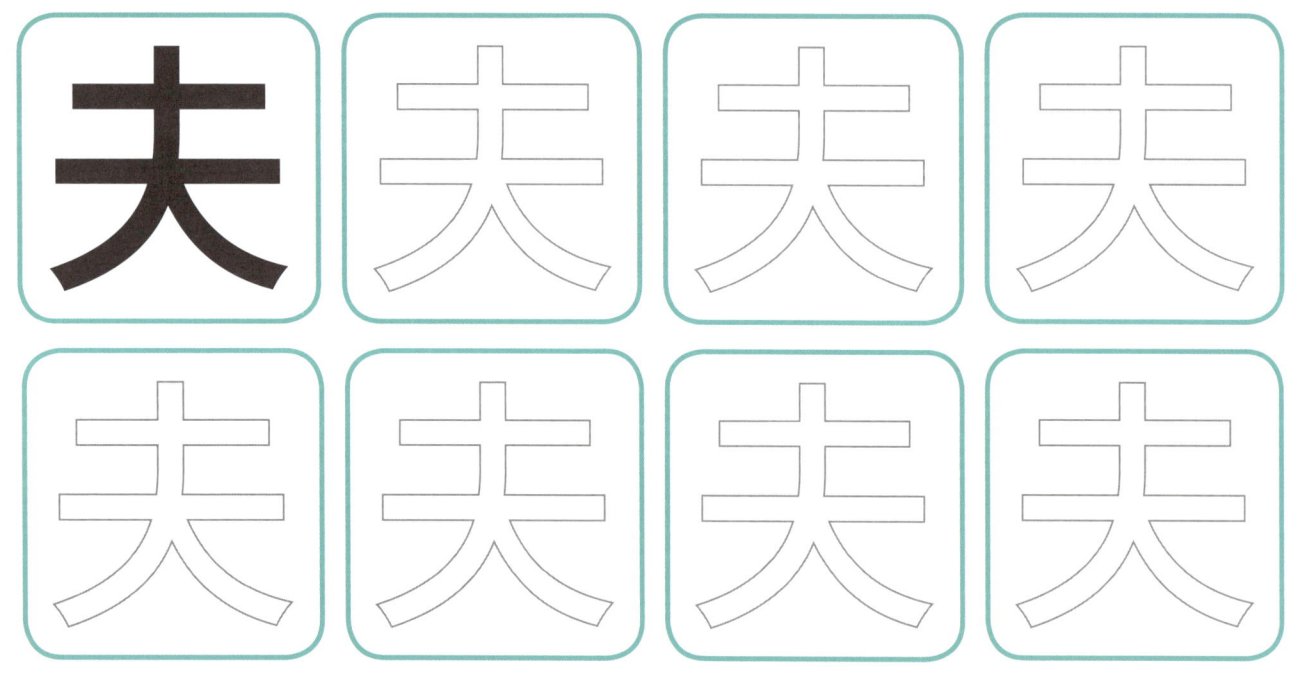

☁️ 단어를 큰소리로 읽고 그림 한자를 예쁘게 색칠해요.

부 인
夫人
*남의 아내

대 장 부
大丈夫
*사내답고 씩씩한 남자

농 부
農夫
*농삿일을 하는 사람

부 부
夫婦
*남편과 아내

🐱 한자를 보지 말고 또박또박 써보세요.

☀️ 손가락으로 화살표를 따라 그려보고 연필로 써보세요.

不

아닐 부/불
not

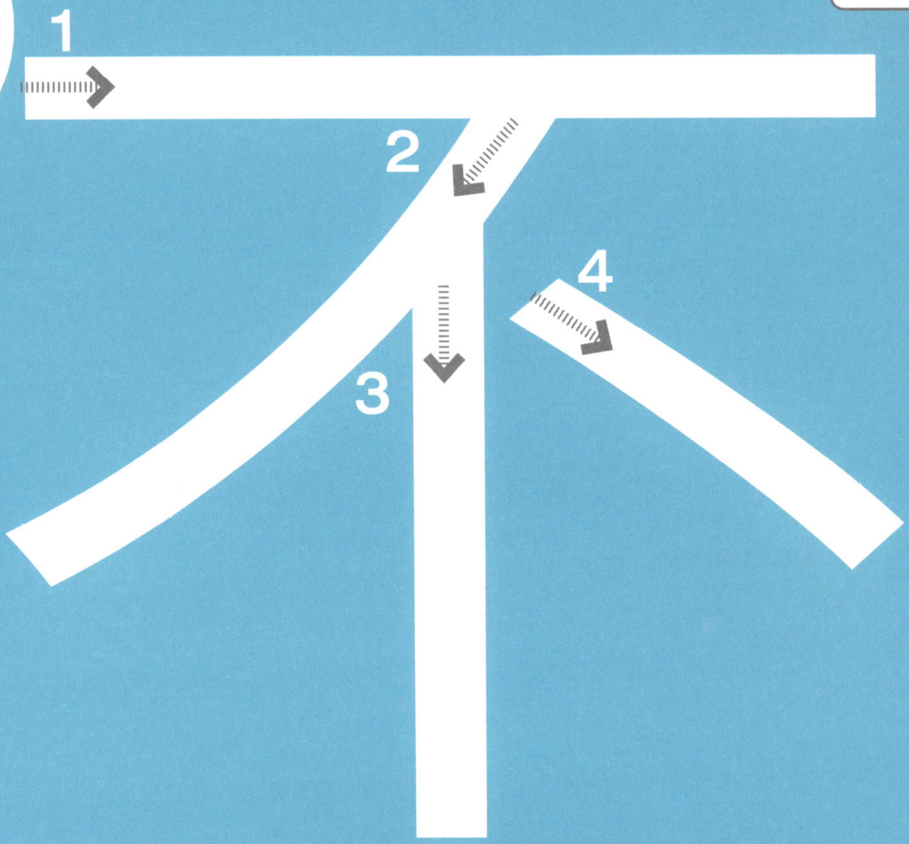

🐱 한자를 보고 천천히 따라 써보세요.

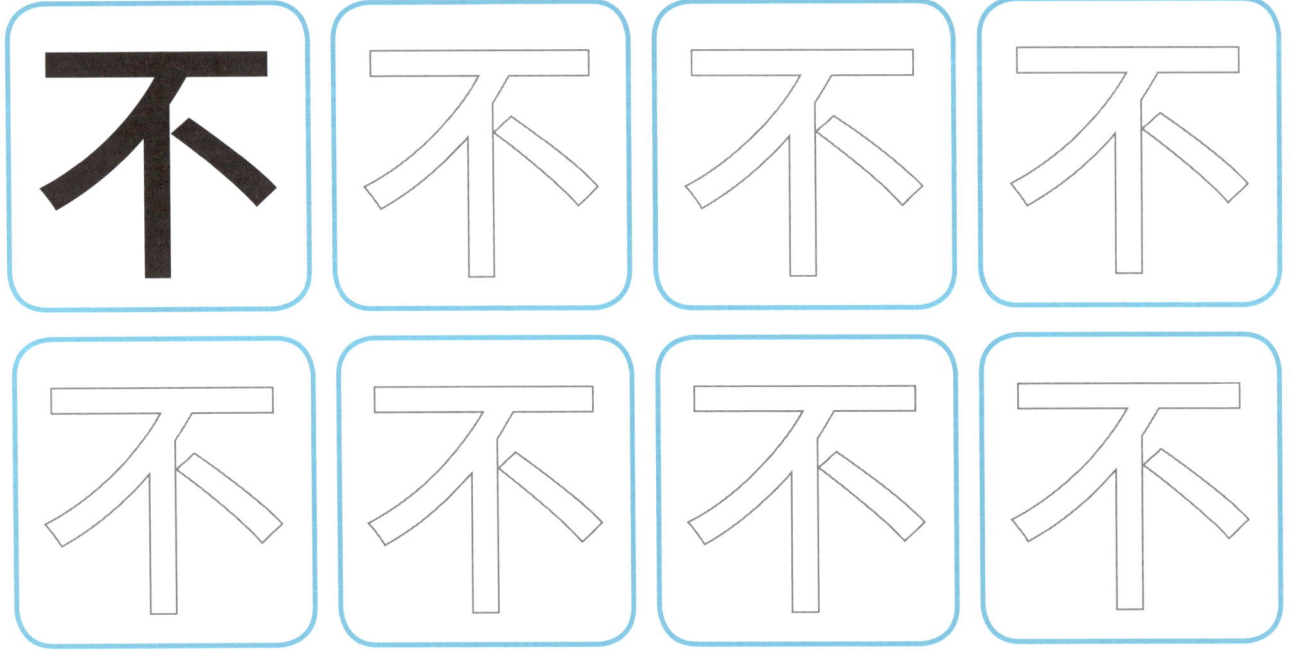

☁️ 단어를 큰소리로 읽고 그림 한자를 예쁘게 색칠해요.

부 정
不正
*올바르지 못함

불 행
不幸
*행복하지 못함

부 족
不足
*기준에 미치지 못함

불 가 능
不可能
*할 수 없음

🐱 한자를 보지 말고 또박또박 써보세요.

사
일 사
business

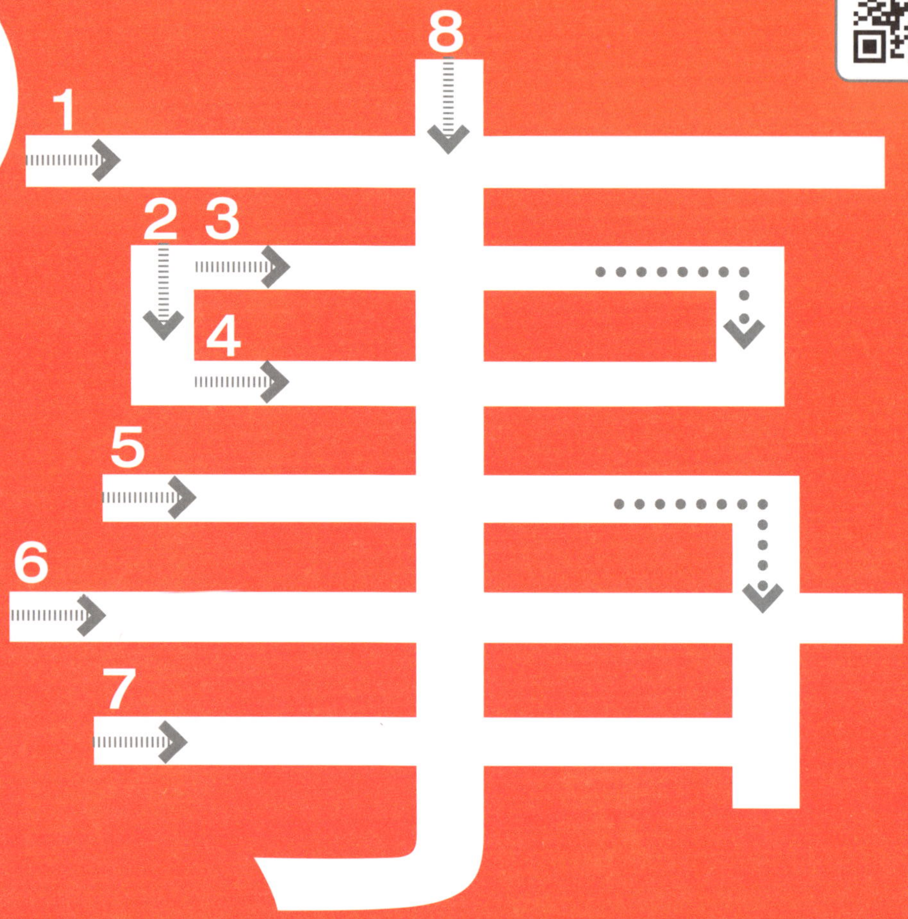

손가락으로 화살표를 따라 그려보고 연필로 써보세요.

한자를 보고 천천히 따라 써보세요.

단어를 큰소리로 읽고 그림 한자를 예쁘게 색칠해요.

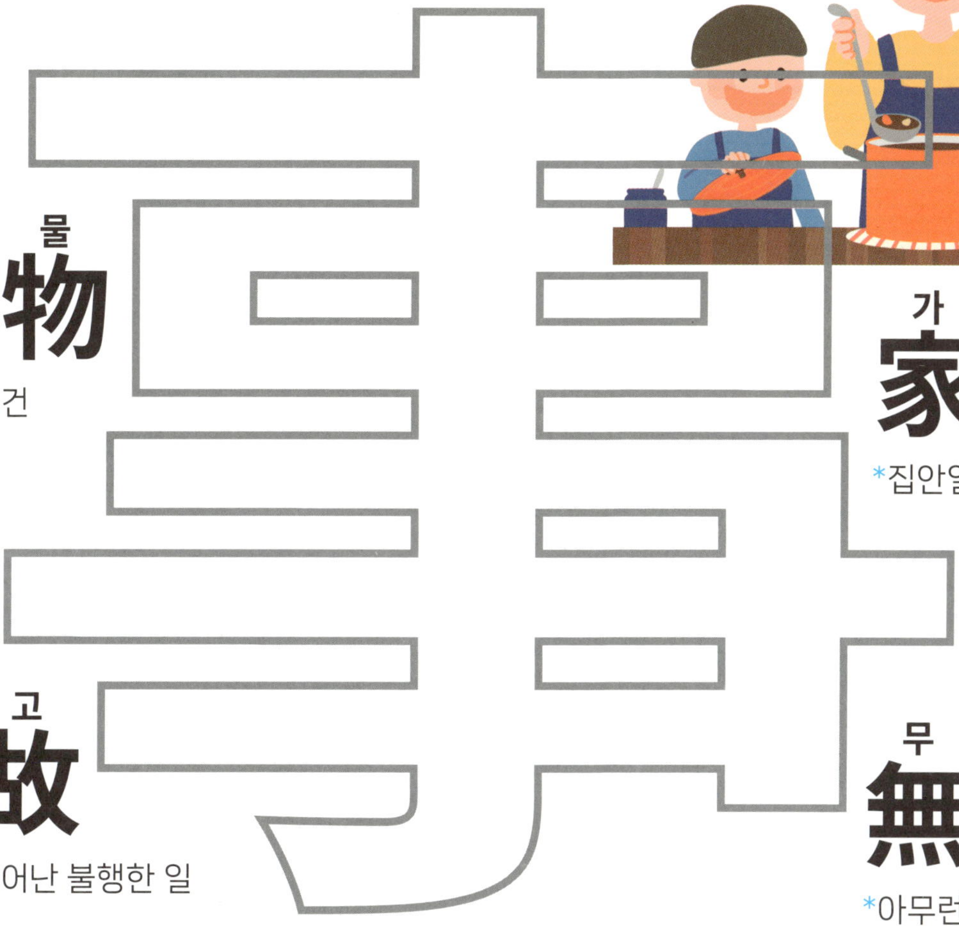

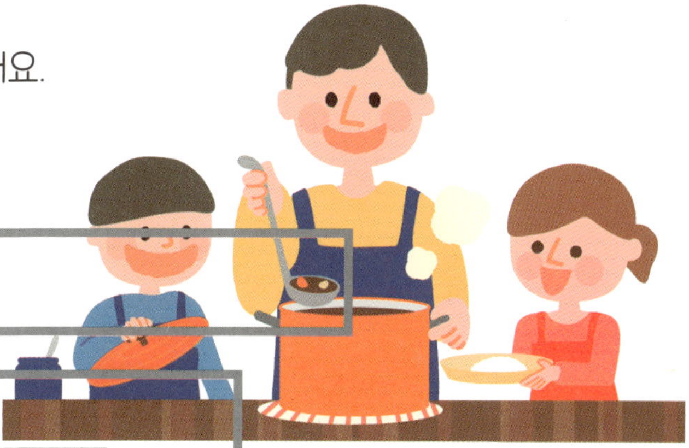

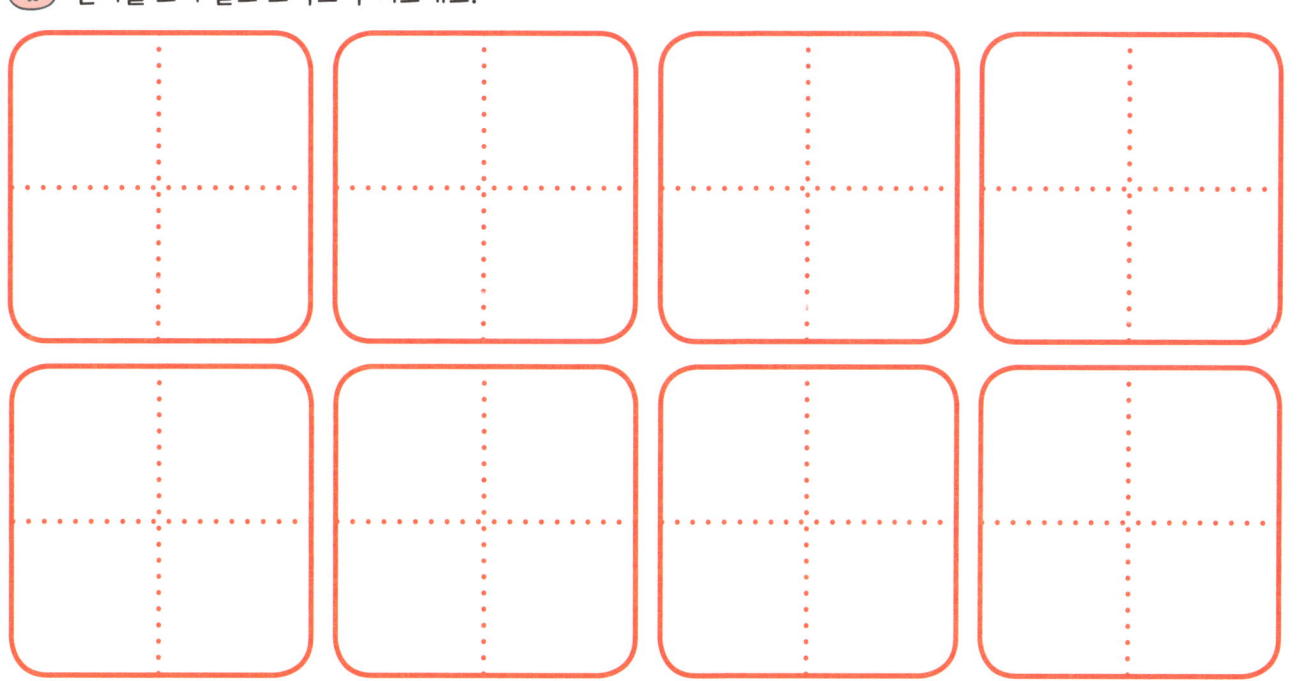

사 물
事物
*일과 물건

가 사
家事
*집안일

사 고
事故
*뜻밖에 일어난 불행한 일

무 사
無事
*아무런 일이 없음

한자를 보지 말고 또박또박 써보세요.

👍 다음 한자를 보고 알맞는 음(소리)을 선으로 연결해보세요.

事	•		•	부
不	•		•	방
夫	•		•	물
方	•		•	부/불
物	•		•	사

🍦 다음 한자의 음훈(소리와 뜻)을 보고 알맞는 한자에 동그라미를 치세요

지아비 **부**　　物　方　夫　不　事

모 **방**　　物　方　夫　不　事

물건 **물**　　物　方　夫　不　事

일 **사**　　物　方　夫　不　事

아닐 **부/불**　　物　方　夫　不　事

다음 밑줄 친 한자의 독음(읽는 소리)을 동그라미에 써넣으세요.

○ 동<u>物</u>　　○ 가<u>事</u>

○ <u>方</u>법　　○ <u>物</u>품

○ <u>夫</u>부　　○ <u>方</u>향

○ <u>不</u>정　　○ 대장<u>夫</u>

○ <u>事</u>물　　○ <u>不</u>가능

다음 음훈(소리와 뜻)에 알맞는 한자를 네모 칸에 써넣으세요.

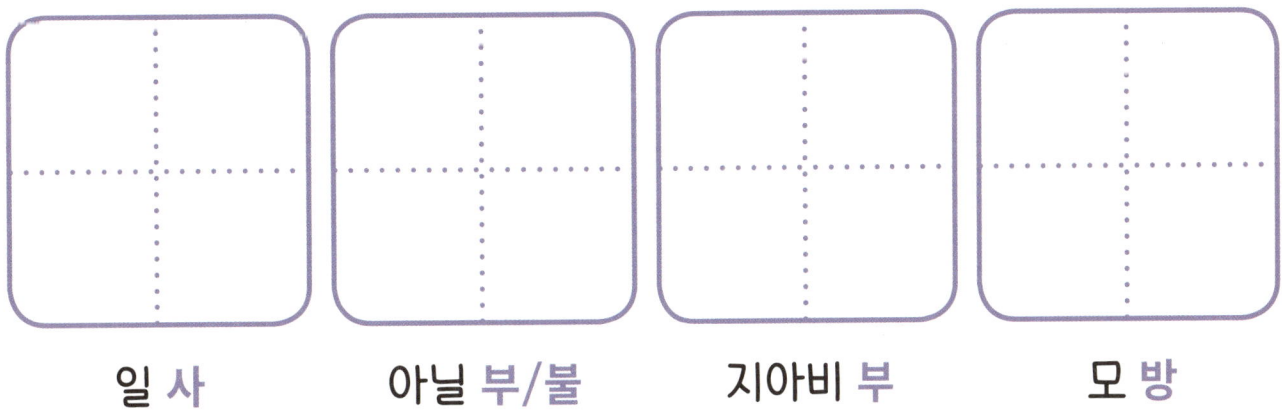

일 사　　아닐 부/불　　지아비 부　　모 방

색

빛 색
color

손가락으로 화살표를 따라 그려보고 연필로 써보세요.

한자를 보고 천천히 따라 써보세요.

단어를 큰소리로 읽고 그림 한자를 예쁘게 색칠해요.

적 색
赤色
*붉은 색

백 색
白色
*흰 색

청 색
青色
*푸른 색

색 채
色彩
*빛깔

한자를 보지 말고 또박또박 써보세요.

손가락으로 화살표를 따라 그려보고 연필로 써보세요.

세
인간 세
human

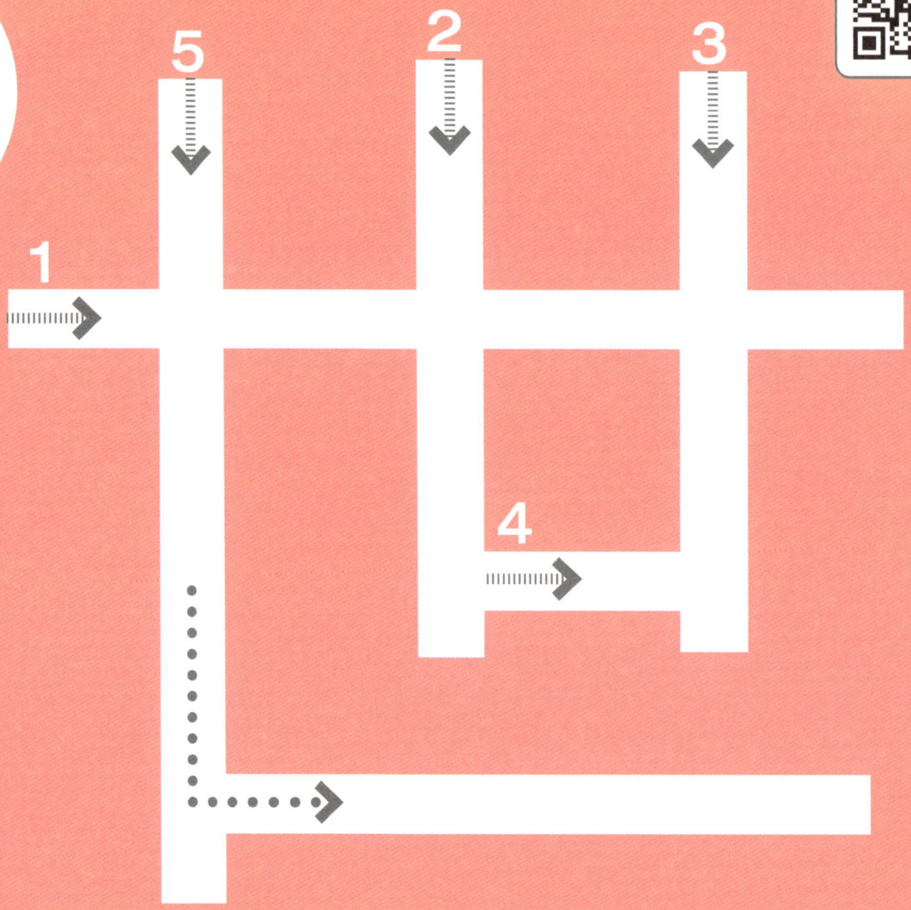

한자를 보고 천천히 따라 써보세요.

☁️ 단어를 큰소리로 읽고 그림 한자를 예쁘게 색칠해요.

世上 (세상)
*사람이 사는 사회

後世 (후세)
*뒷세상

世代 (세대)
*한 대의 시대

世界 (세계)
*지구상의 모든 나라

🐱 한자를 보지 말고 또박또박 써보세요.

59

所

바 소
place

손가락으로 화살표를 따라 그려보고 연필로 써보세요.

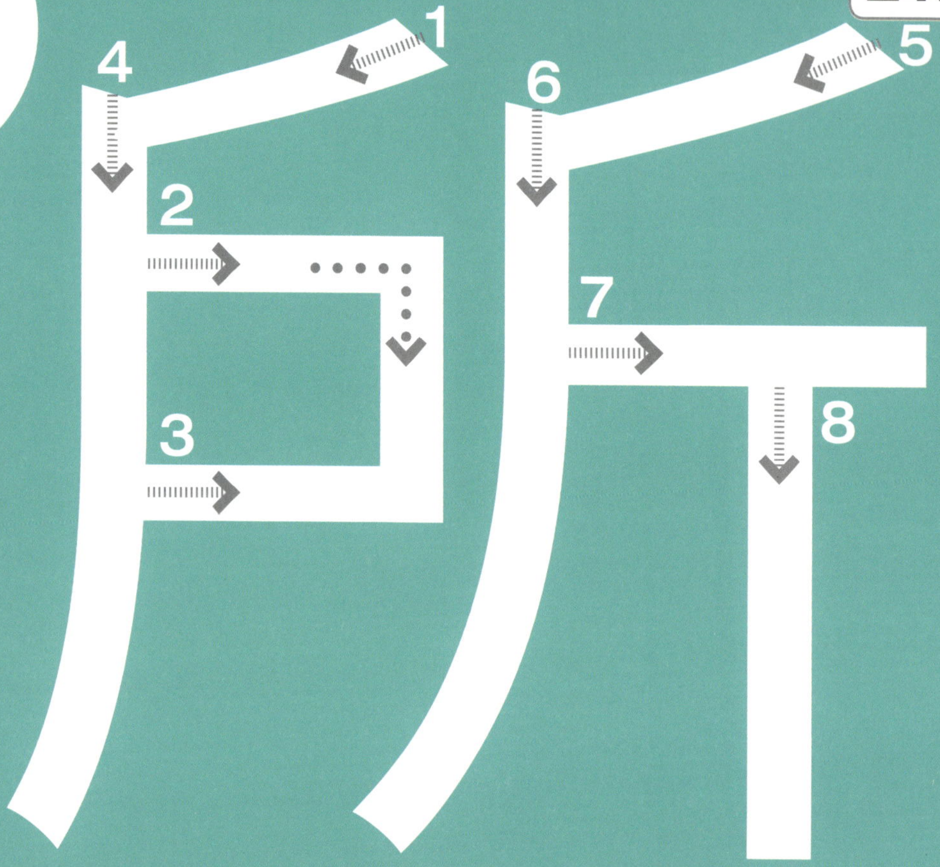

한자를 보고 천천히 따라 써보세요.

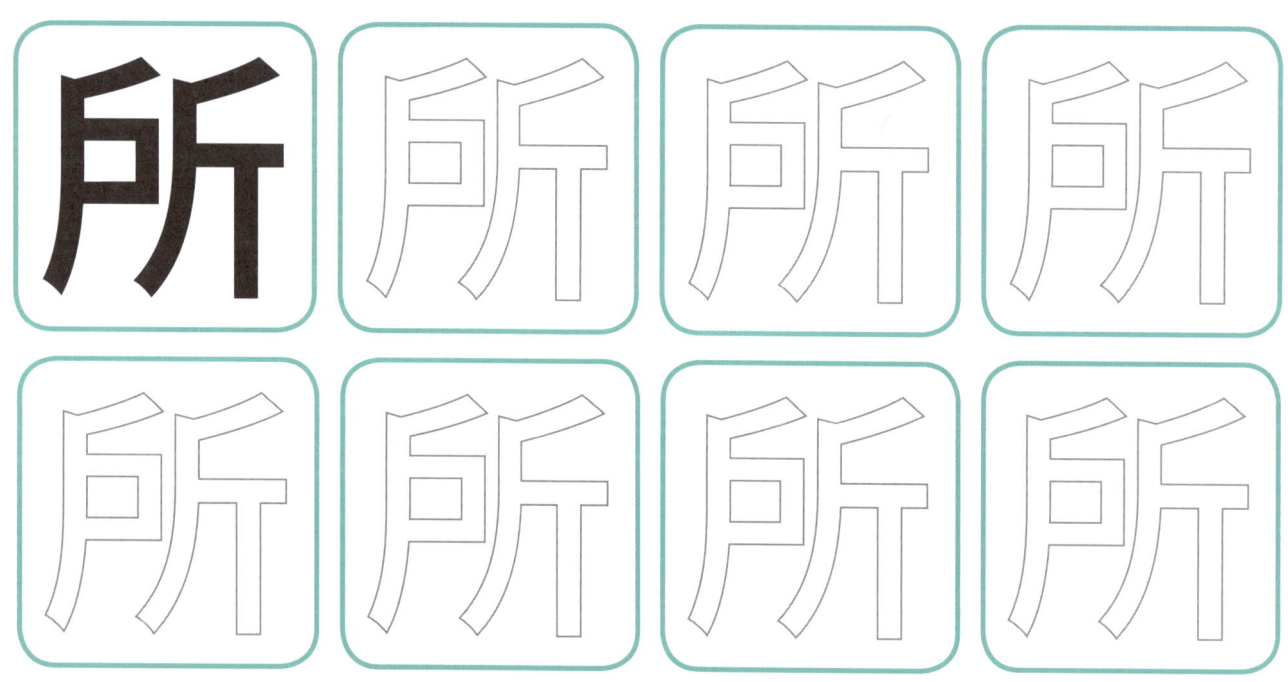

단어를 큰소리로 읽고 그림 한자를 예쁘게 색칠해요.

KIDS PLACE

所感 (소감)
*마음에 느낀 바

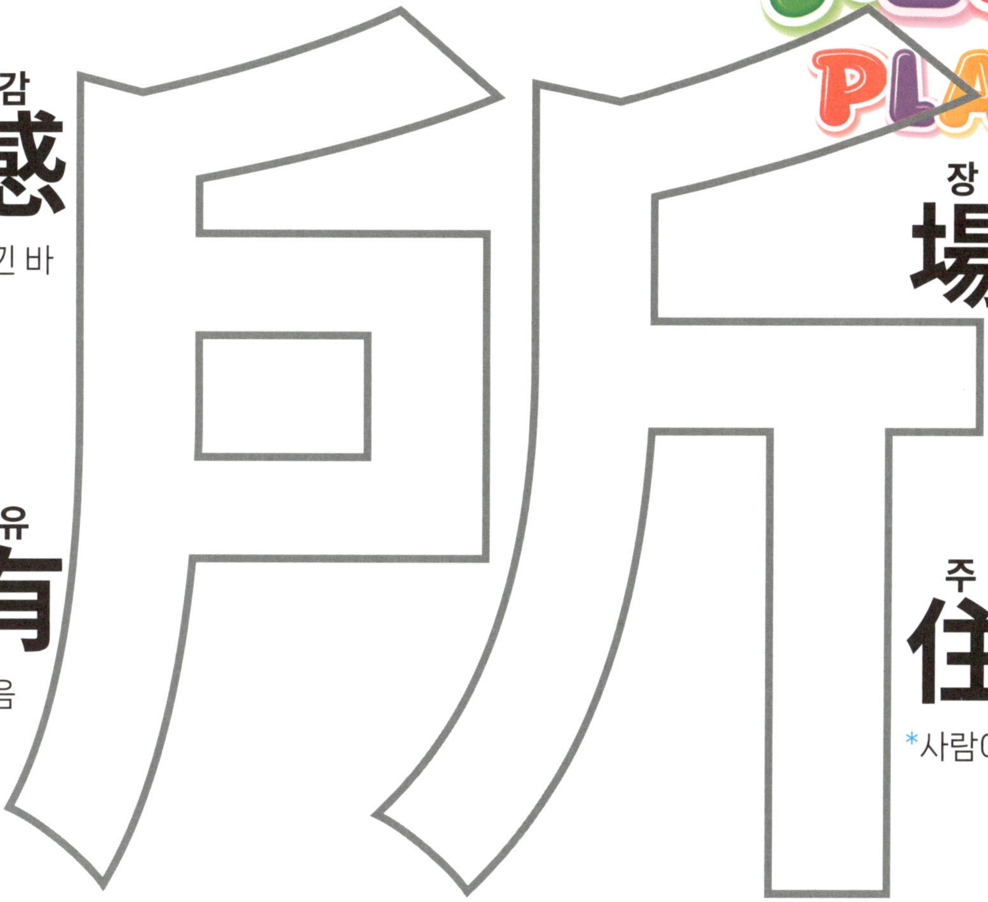

場所 (장소)
*어떤 일이 일어나는 곳

所有 (소유)
*가지고 있음

住所 (주소)
*사람이 사는 곳

所

한자를 보지 말고 또박또박 써보세요.

손가락으로 화살표를 따라 그려보고 연필로 써보세요.

市

저자 시
market

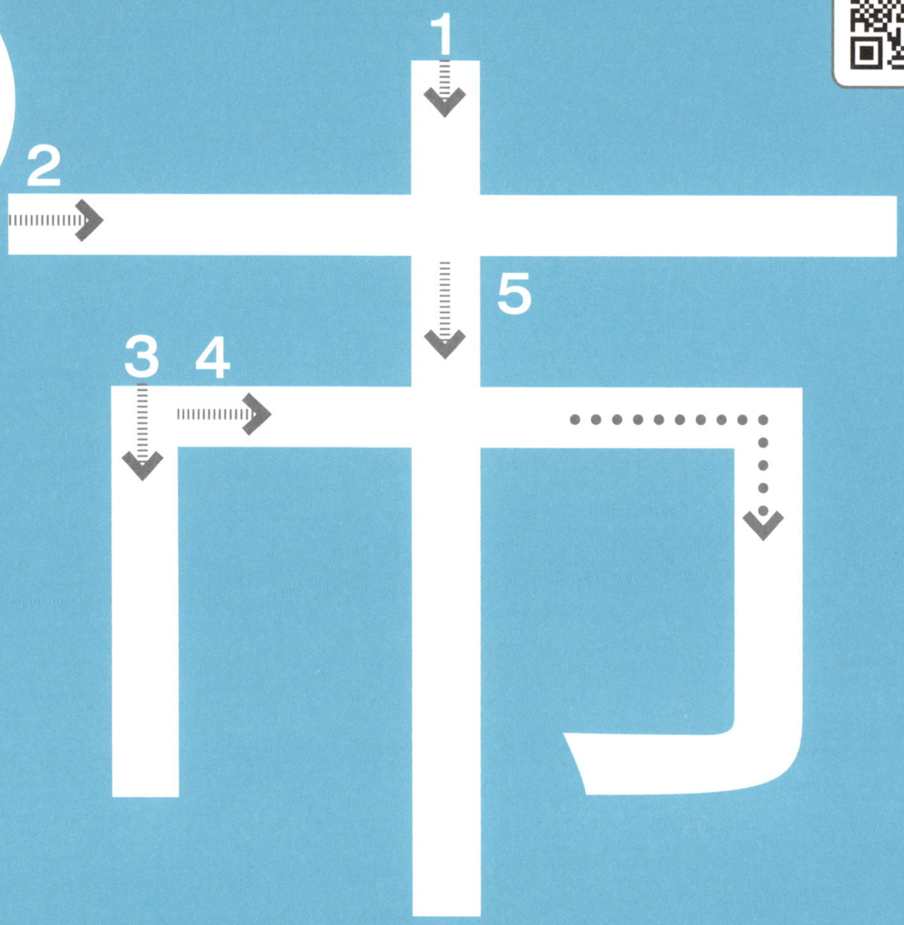

한자를 보고 천천히 따라 써보세요.

단어를 큰소리로 읽고 그림 한자를 예쁘게 색칠해요.

시 내
市內
*도시의 안쪽

시 민
市民
*도시에 사는 사람들

도 시
都市
*사람이 많이 사는 지역

시 장
市場
*물건을 사고파는 곳

한자를 보지 말고 또박또박 써보세요.

시
때 시
time

손가락으로 화살표를 따라 그려보고 연필로 써보세요.

한자를 보고 천천히 따라 써보세요.

☁️ 단어를 큰소리로 읽고 그림 한자를 예쁘게 색칠해요.

시 기
時期
*그 즈음

시 간
時間
*어느 때와 때 사이

동 시
同時
*같은 때

시 공
時空
*시간과 공간

🐱 한자를 보지 말고 또박또박 써보세요.

👍 다음 한자를 보고 알맞은 음(소리)을 선으로 연결해보세요.

時　市　所　世　色

색　세　시(때)　소　시(저자)

🍦 다음 한자의 음훈(소리와 뜻)을 보고 알맞은 한자에 동그라미를 치세요

때 시　　色　世　所　市　時

인간 세　　色　世　所　市　時

빛 색　　色　世　所　市　時

바 소　　色　世　所　市　時

저자 시　　色　世　所　市　時

다음 밑줄 친 한자의 독음(읽는 소리)을 동그라미에 써넣으세요.

○	적色	○	時간
○	世상	○	色채
○	장所	○	世계
○	市장	○	주所
○	時기	○	도市

다음 음훈(소리와 뜻)에 알맞은 한자를 네모 칸에 써넣으세요.

□	□	□	□
인간 세	빛 색	때 시	저자 시

안

편안할 안
peaceful

손가락으로 화살표를 따라 그려보고 연필로 써보세요.

한자를 보고 천천히 따라 써보세요.

☁️ 단어를 큰소리로 읽고 그림 한자를 예쁘게 색칠해요.

불 안
不安
*마음이 편하지 않음

편 안
便安
*편하고 걱정이 없음

안 전
安全
*위험성이 없음

안 심
安心
*마음을 편히 가짐

🐱 한자를 보지 말고 또박또박 써보세요.

야

밤 야
night

손가락으로 화살표를 따라 그려보고 연필로 써보세요.

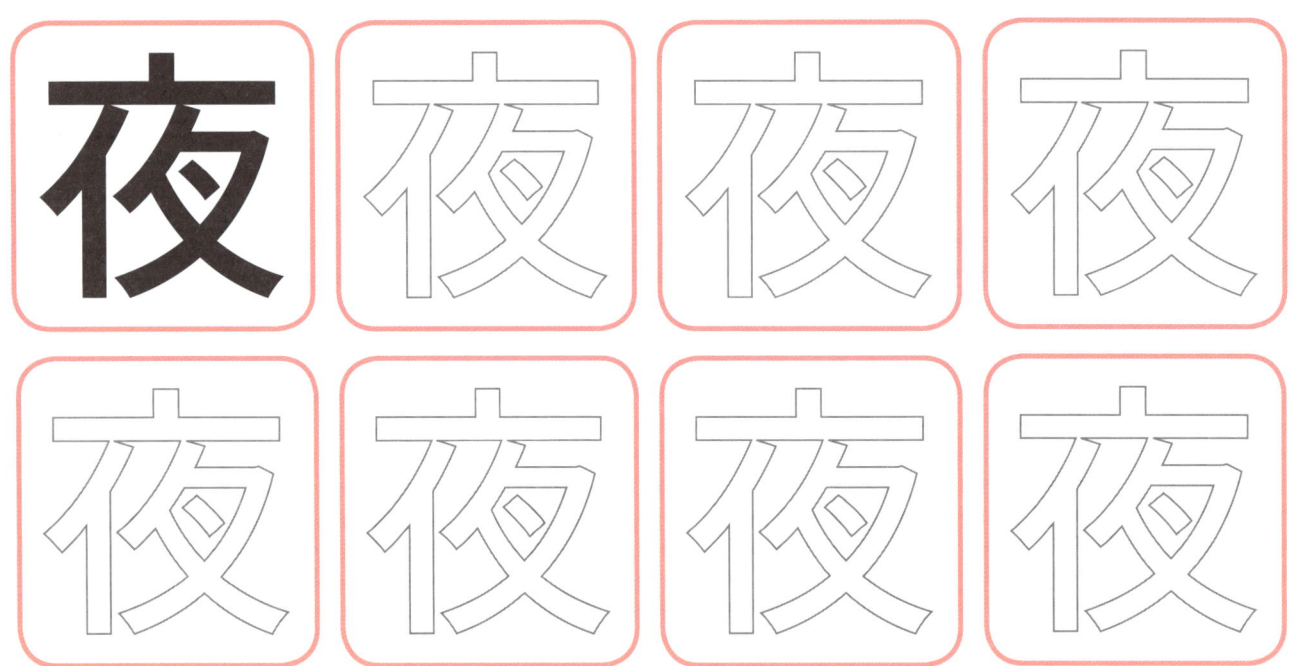

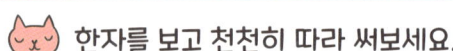 한자를 보고 천천히 따라 써보세요.

☁️ 단어를 큰소리로 읽고 그림 한자를 예쁘게 색칠해요.

주 야
晝夜
*밤낮

전 야
前夜
*어젯밤

야 간
夜間
*밤, 밤 동안

야 경
夜景
*밤의 경치

🐱 한자를 보지 말고 또박또박 써보세요.

🌞 손가락으로 화살표를 따라 그려보고 연필로 써보세요.

어
말씀 어
words

🐱 한자를 보고 천천히 따라 써보세요.

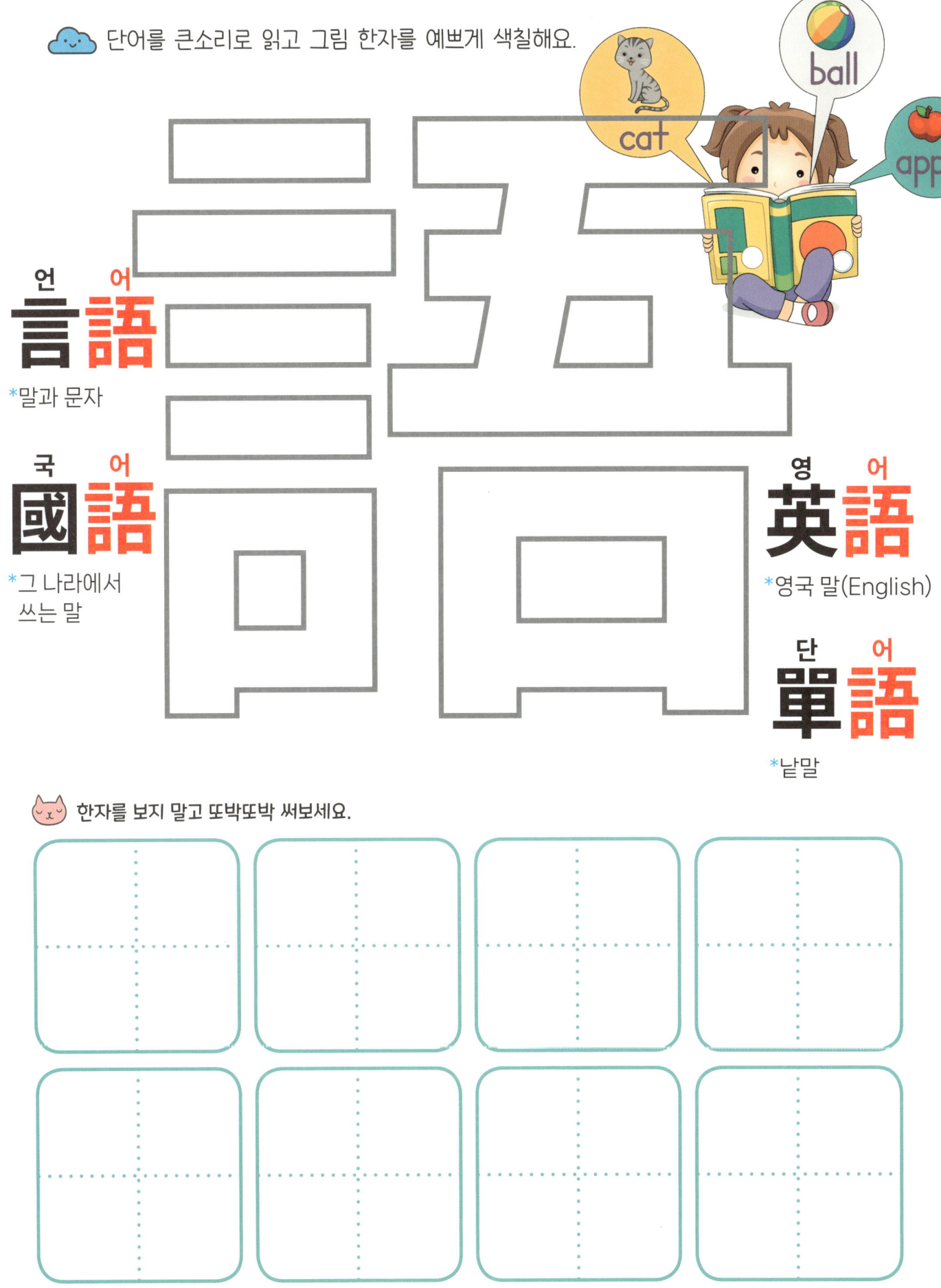

오

낮 오
noon

손가락으로 화살표를 따라 그려보고 연필로 써보세요.

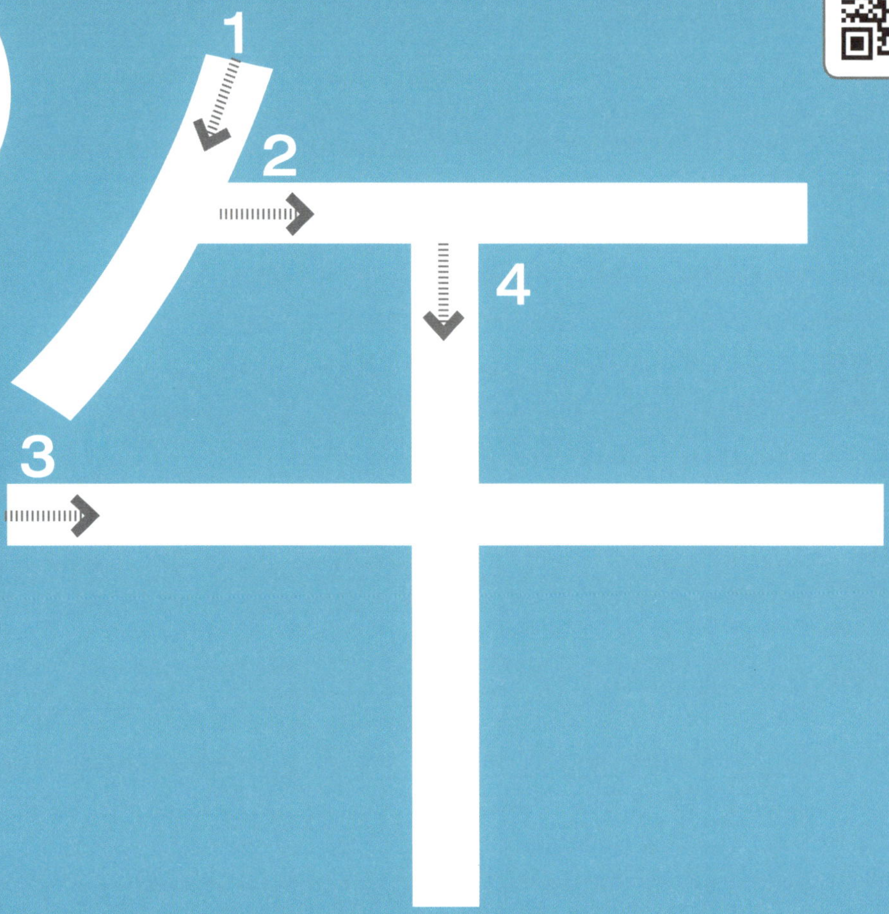

한자를 보고 천천히 따라 써보세요.

noon

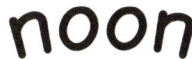

단어를 큰소리로 읽고 그림 한자를 예쁘게 색칠해요.

午

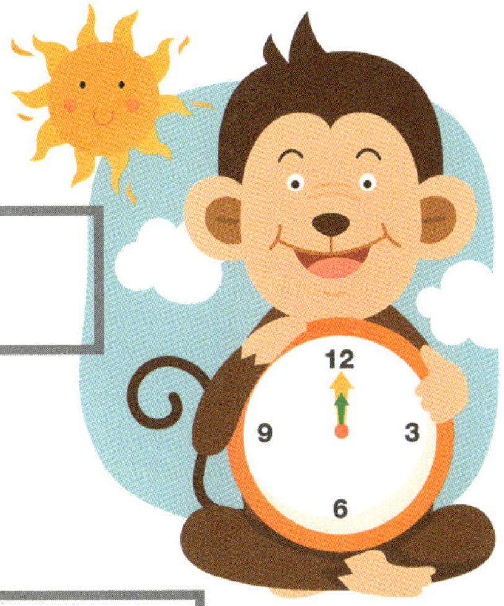

하 오
下午
*오후

정 오
正午
*낮 12시

오 후
午後
*밤 12시까지 시간

오 전
午前
*낮 12시까지 시간

한자를 보지 말고 또박또박 써보세요.

왕

임금 왕
king

손가락으로 화살표를 따라 그려보고 연필로 써보세요.

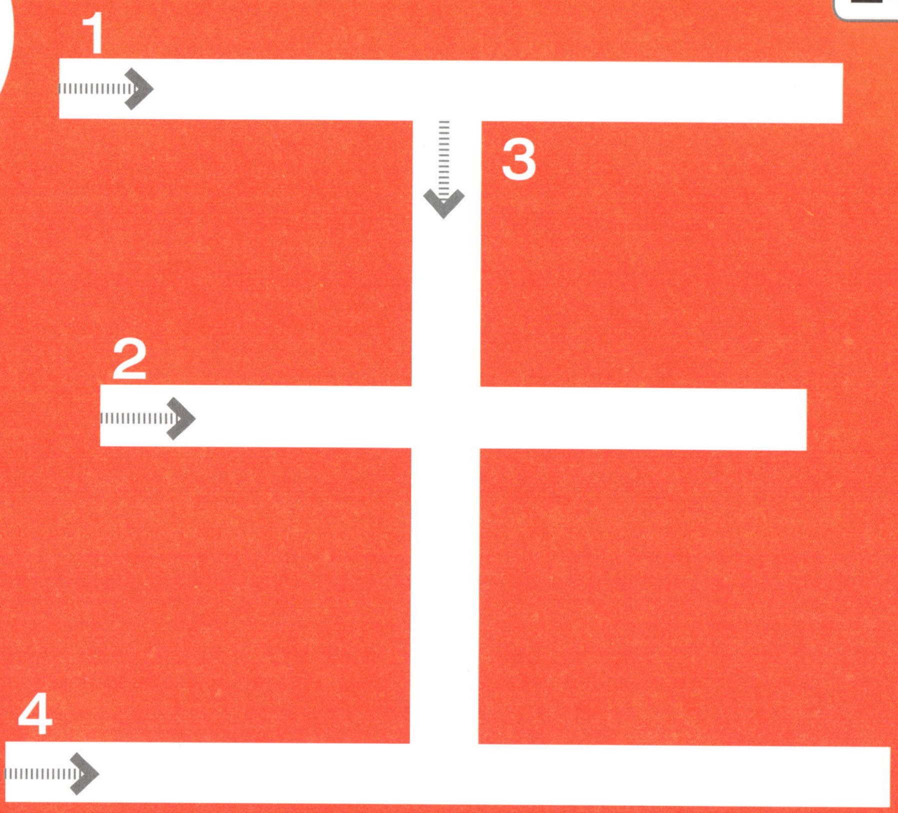

한자를 보고 천천히 따라 써보세요.

단어를 큰소리로 읽고 그림 한자를 예쁘게 색칠해요.

여 왕
女王
*여자 임금

왕 관
王冠
*임금이 쓰는 관

왕 비
王妃
*임금의 아내

왕 자
王子
*임금의 아들

한자를 보지 말고 또박또박 써보세요.

다음 한자를 보고 알맞는 음(소리)을 선으로 연결해보세요.

王 •　　　　　• 어
午 •　　　　　• 야
語 •　　　　　• 안
夜 •　　　　　• 왕
安 •　　　　　• 오

다음 한자의 음훈(소리와 뜻)을 보고 알맞는 한자에 동그라미를 치세요

밤 야　　　安　夜　語　午　王

임금 왕　　安　夜　語　午　王

낮 오　　　安　夜　語　午　王

편안할 안　安　夜　語　午　王

말씀 어　　安　夜　語　午　王

다음 밑줄 친 한자의 독음(읽는 소리)을 동그라미에 써넣으세요.

○ 불安   ○ 王관

○ 夜경   ○ 安전

○ 국語   ○ 夜간

○ 午전   ○ 영語

○ 王자   ○ 午후

다음 음훈(소리와 뜻)에 알맞는 한자를 네모 칸에 써넣으세요.

임금 왕   낮 오   밤 야   편안할 안

손가락으로 화살표를 따라 그려보고 연필로 써보세요.

유

있을 유

have

한자를 보고 천천히 따라 써보세요.

有 有 有 有

有 有 有 有

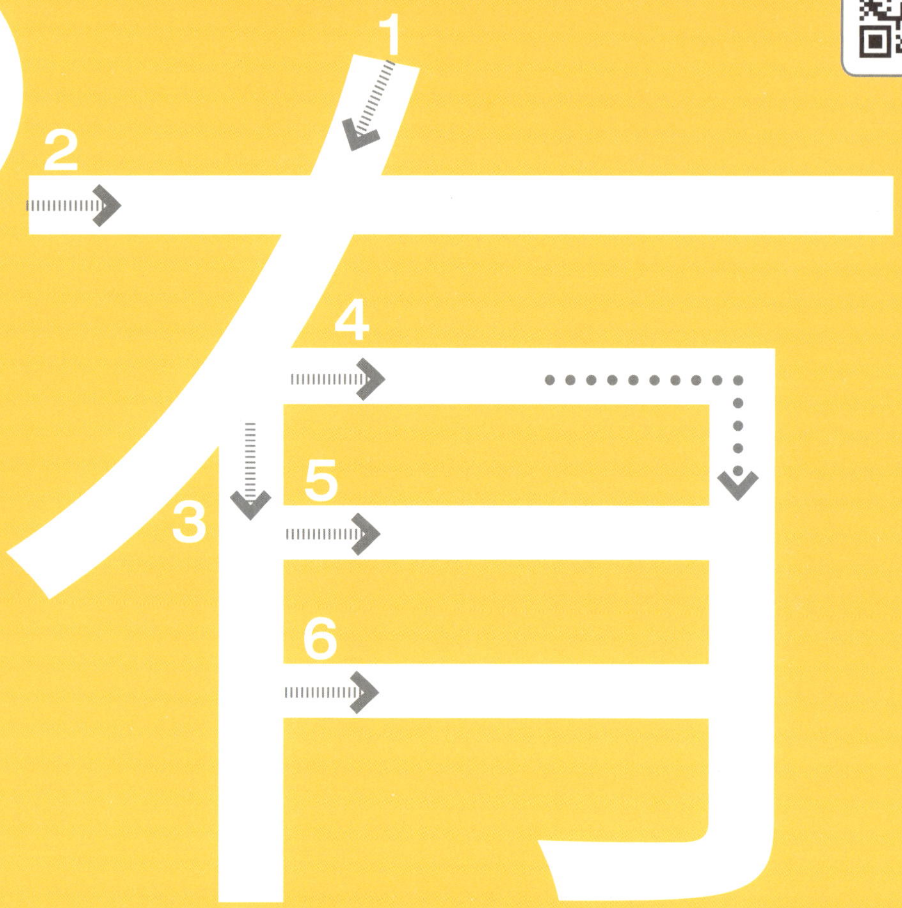

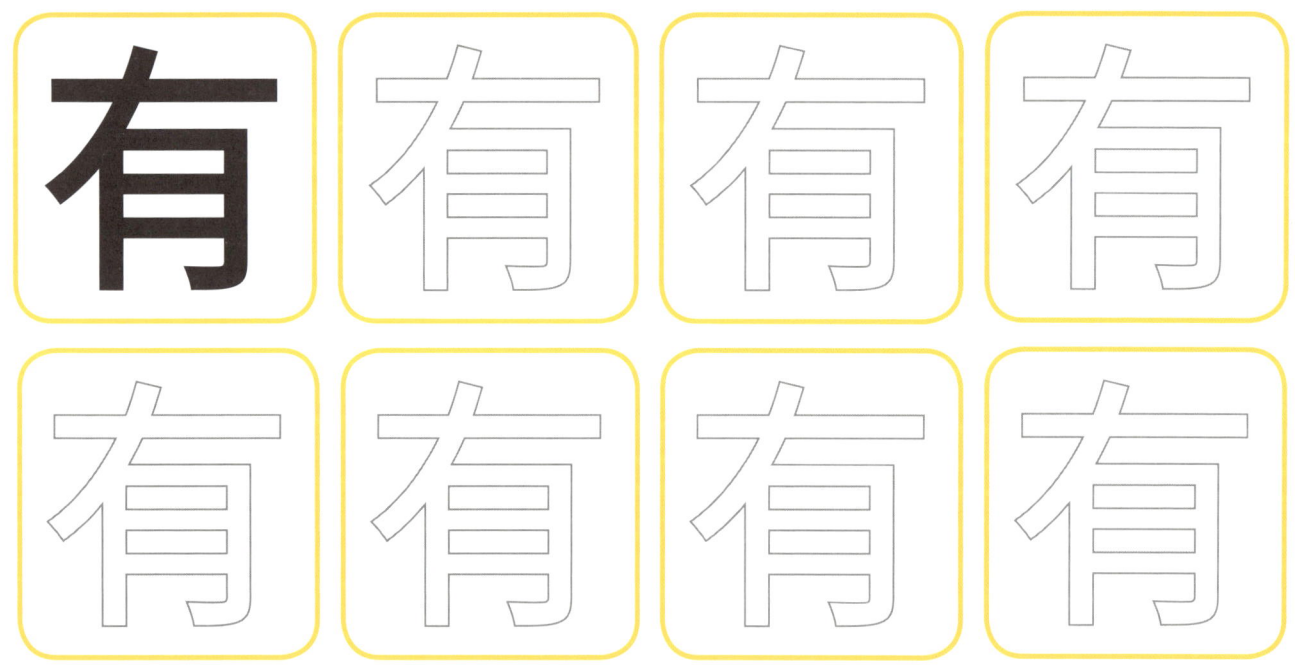

☁️ 단어를 큰소리로 읽고 그림 한자를 예쁘게 색칠해요.

有
　유　무
有無
*있음과 없음

　소　유
所有
*가지고 있음

　유　능
有能
*재능이 있음

　유　료
有料
*요금을 내게 되어 있는 일

🐱 한자를 보지 말고 또박또박 써보세요.

☀️ 손가락으로 화살표를 따라 그려보고 연필로 써보세요.

육

기를 육
bring up

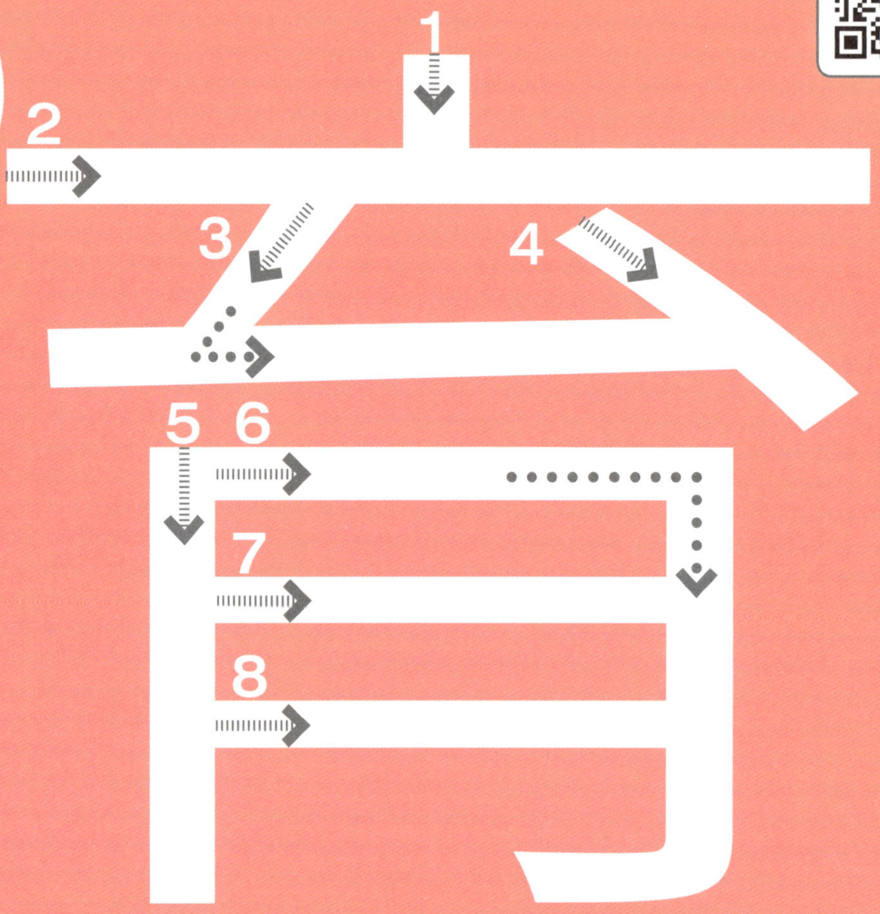

🐱 한자를 보고 천천히 따라 써보세요.

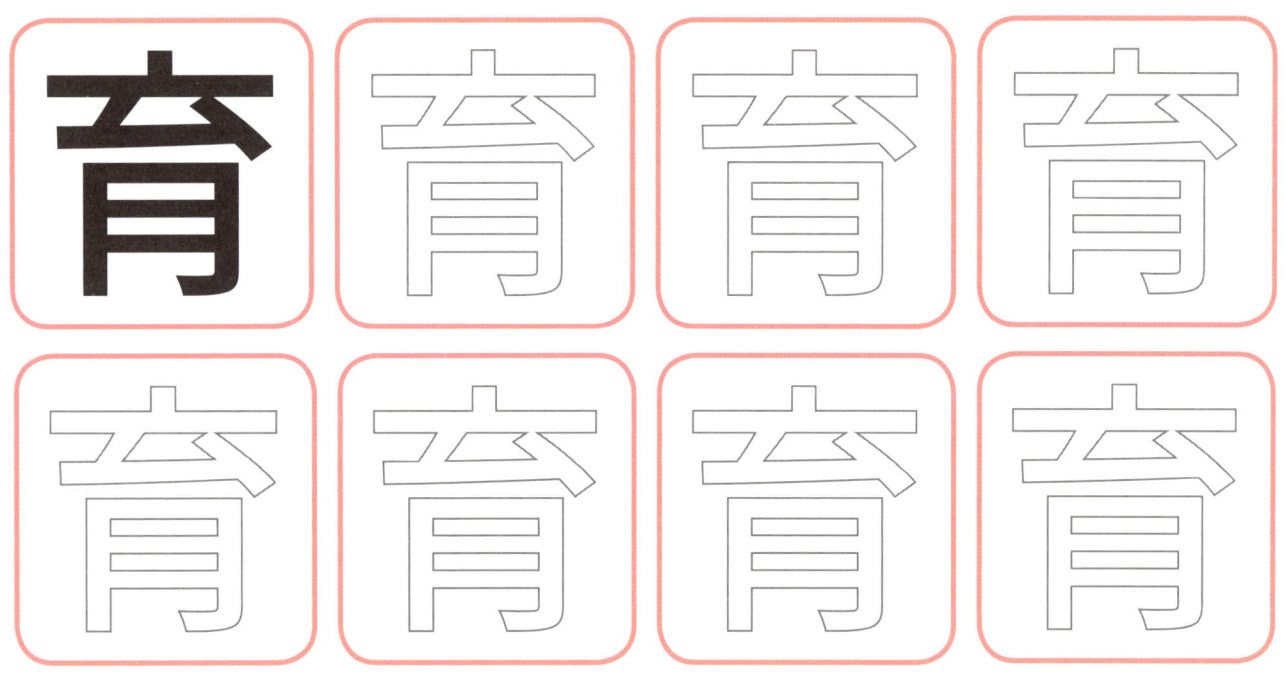

단어를 큰소리로 읽고 그림 한자를 예쁘게 색칠해요.

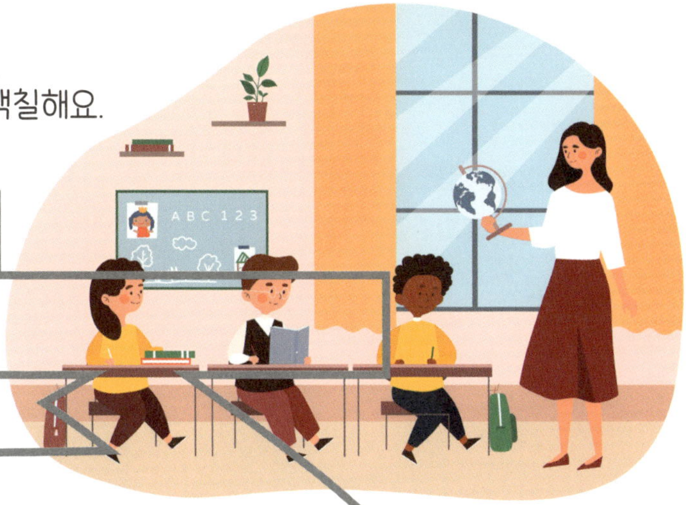

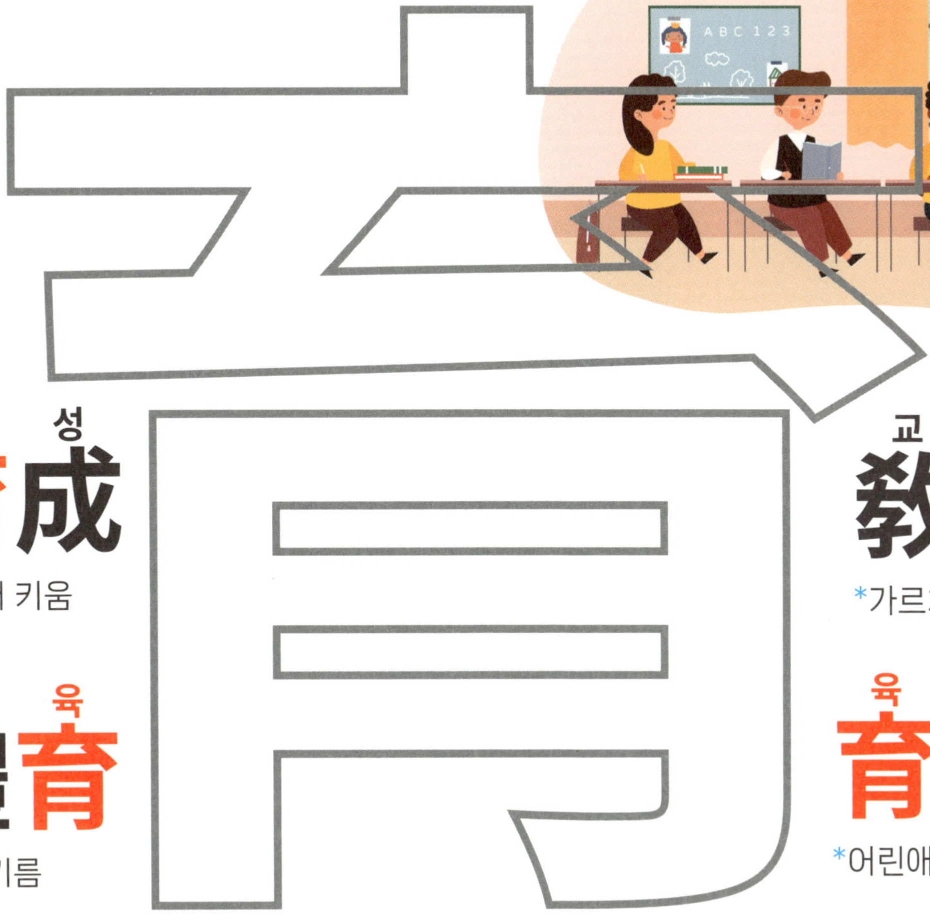

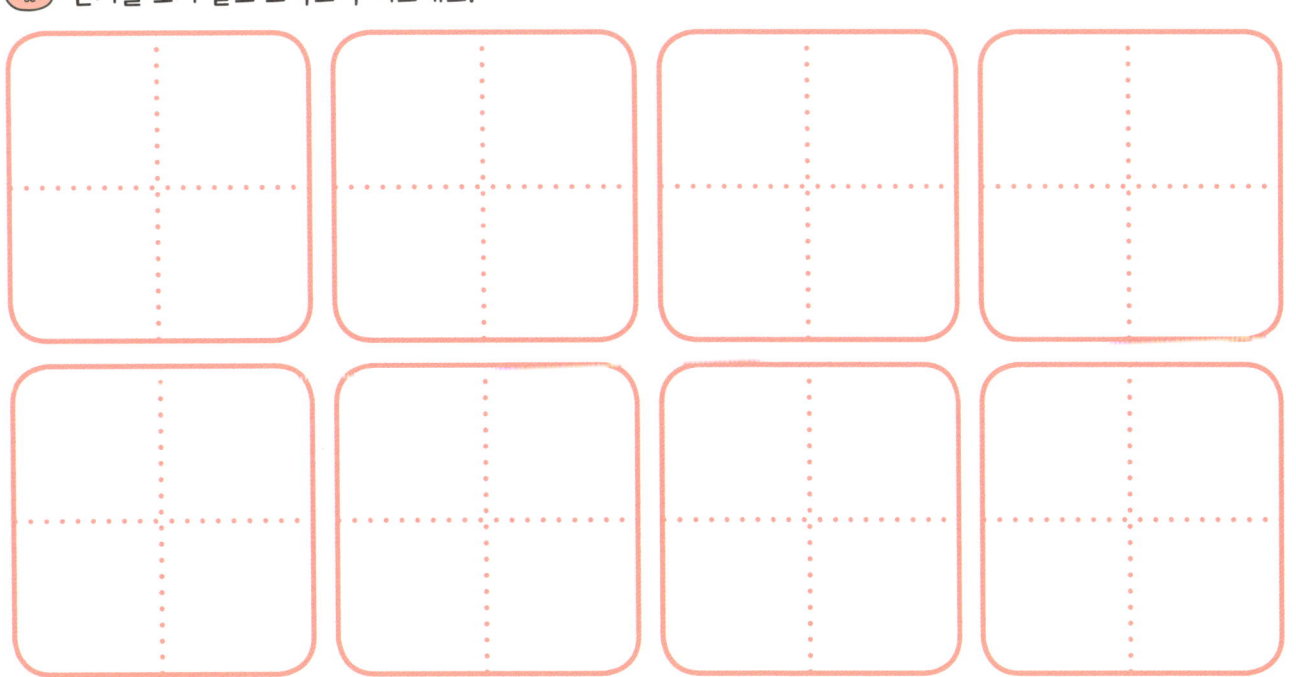

육성
育成
*길러서 키움

교육
教育
*가르치며 길러줌

체육
體育
*몸을 기름

육아
育兒
*어린애를 길러서 키움

한자를 보지 말고 또박또박 써보세요.

손가락으로 화살표를 따라 그려보고 연필로 써보세요.

스스로 자
self

한자를 보고 천천히 따라 써보세요.

단어를 큰소리로 읽고 그림 한자를 예쁘게 색칠해요.

자 신
自 身
*자기 또는 자기의 몸

자 기
自 己
*제 몸

자 연
自 然
*저절로 된 상태

자 동
自 動
*스스로 움직임

한자를 보지 말고 또박또박 써보세요.

자

글자 자
letter

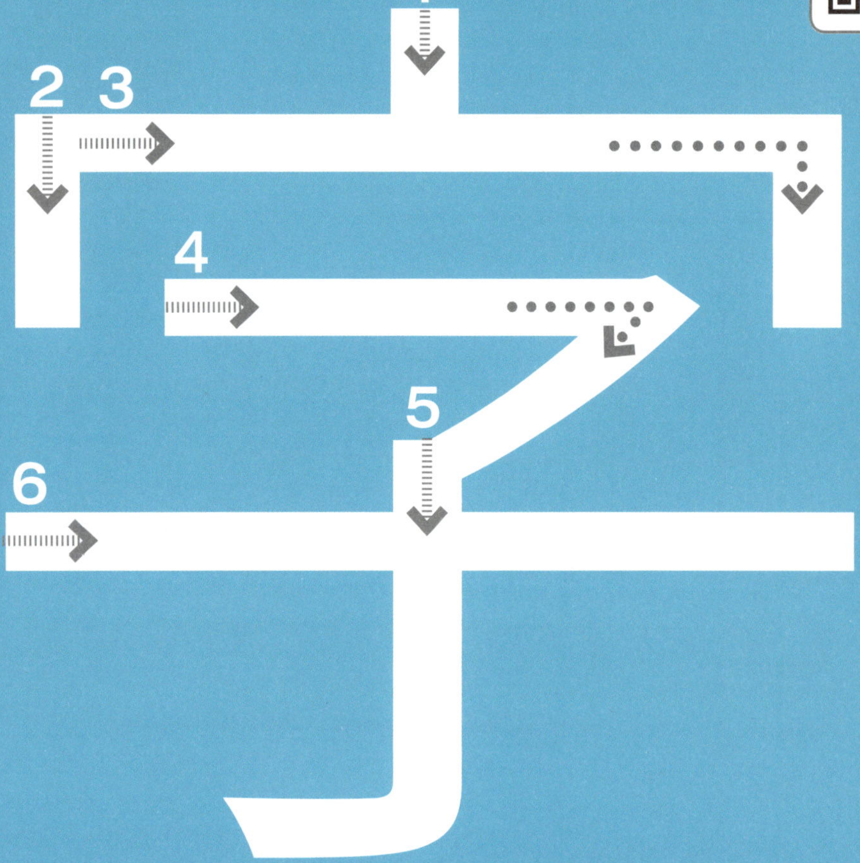

손가락으로 화살표를 따라 그려보고 연필로 써보세요.

한자를 보고 천천히 따라 써보세요.

단어를 큰소리로 읽고 그림 한자를 예쁘게 색칠해요.

字

자 음
字音
*글자의 소리

문 자
文**字**
*글자

정 자
正**字**
*올바른 글자

한 자
漢**字**
*중국에서 만들어진 글자

한자를 보지 말고 또박또박 써보세요.

전

온전할 전
perfect

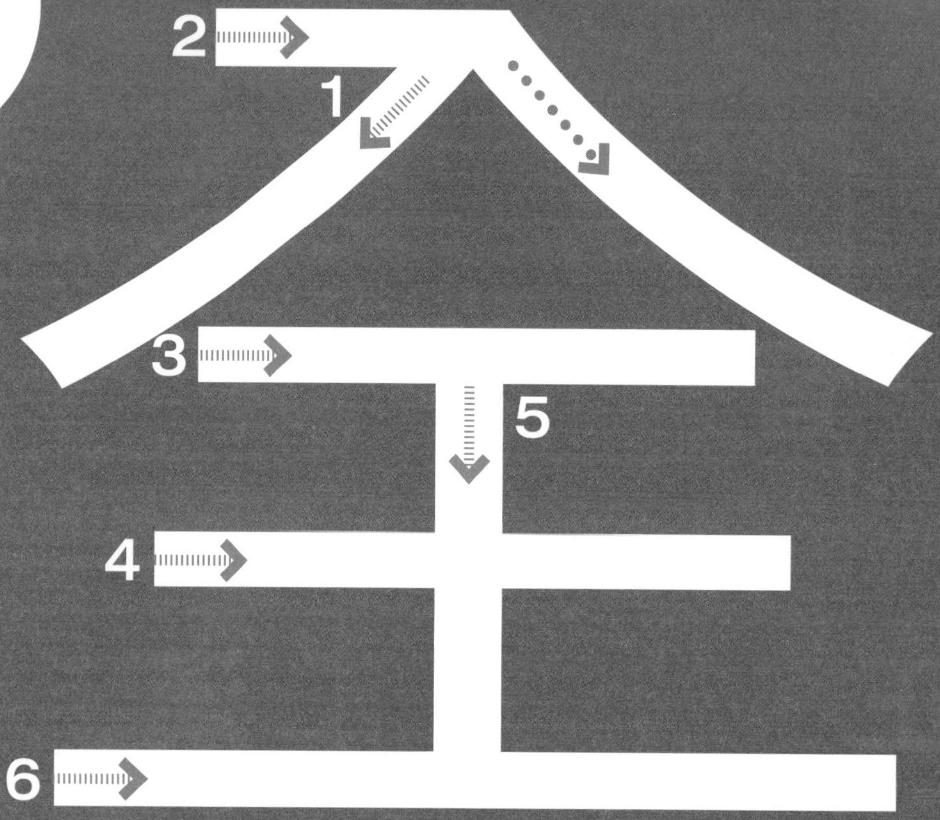

손가락으로 화살표를 따라 그려보고 연필로 써보세요.

한자를 보고 천천히 따라 써보세요.

☁️ 단어를 큰소리로 읽고 그림 한자를 예쁘게 색칠해요.

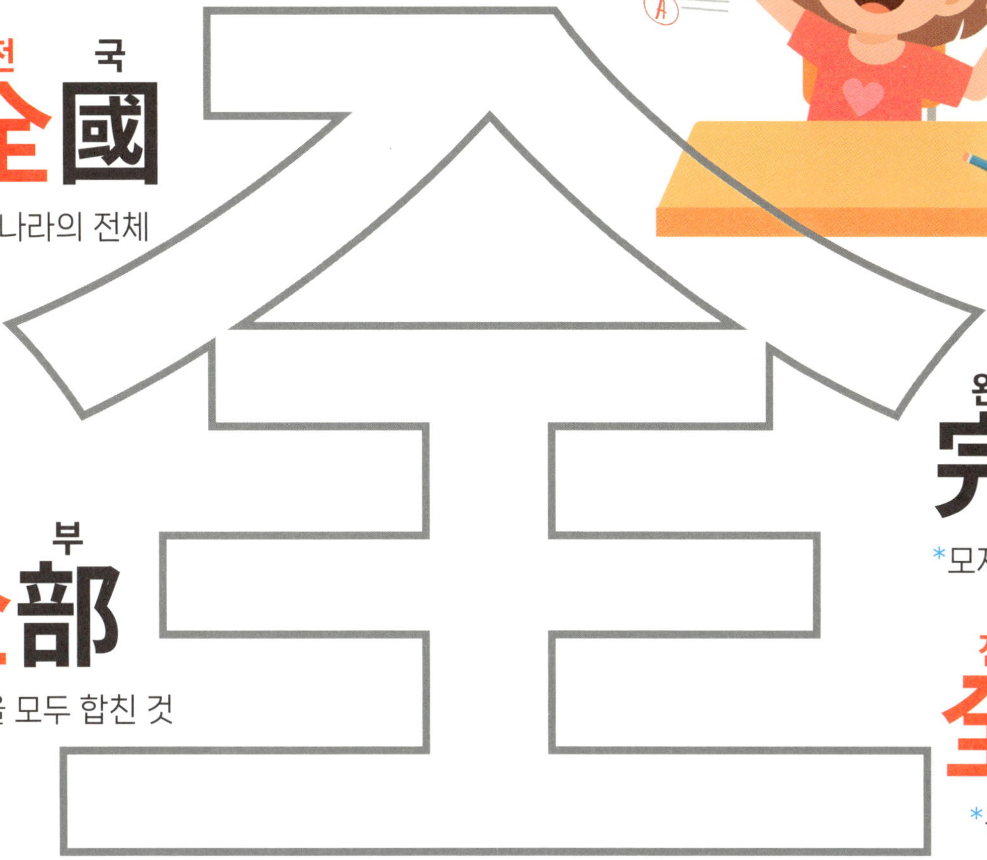

전 국
全國
*한 나라의 전체

완 전
完全
*모자람이 없음

전 부
全部
*낱낱을 모두 합친 것

전 체
全體
*온몸

🐱 한자를 보지 말고 또박또박 써보세요.

👍 다음 한자를 보고 알맞은 음(소리)을 선으로 연결해보세요.

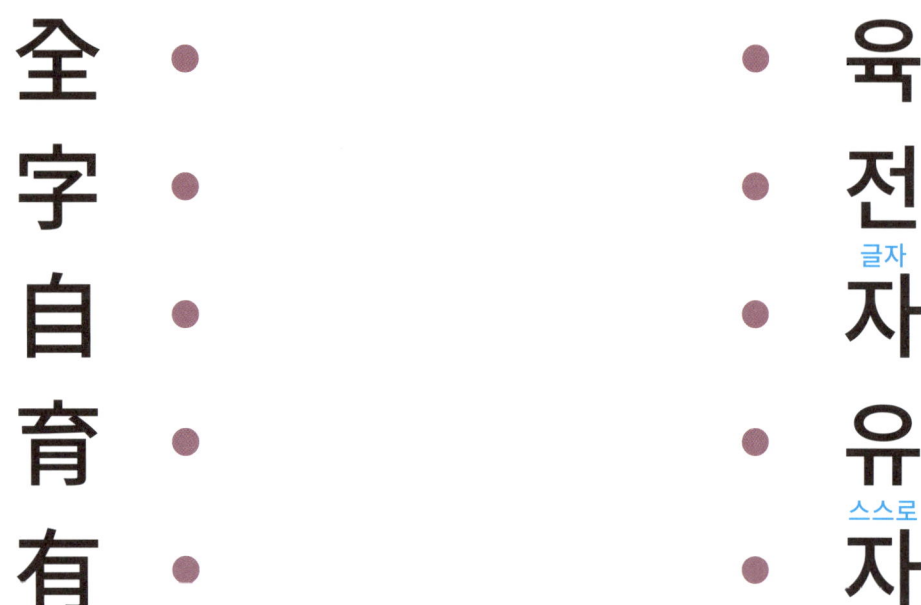

🍦 다음 한자의 음훈(소리와 뜻)을 보고 알맞은 한자에 동그라미를 치세요

다음 밑줄 친 한자의 독음(읽는 소리)을 동그라미에 써넣으세요.

○ 有무   ○ 완全

○ 교育   ○ 有능

○ 自신   ○ 체育

○ 문字   ○ 自연

○ 全국   ○ 한字

다음 음훈(소리와 뜻)에 알맞는 한자를 네모 칸에 써넣으세요.

있을 유   스스로 자   온전할 전   글자 자

번개 전
lightning

손가락으로 화살표를 따라 그려보고 연필로 써보세요.

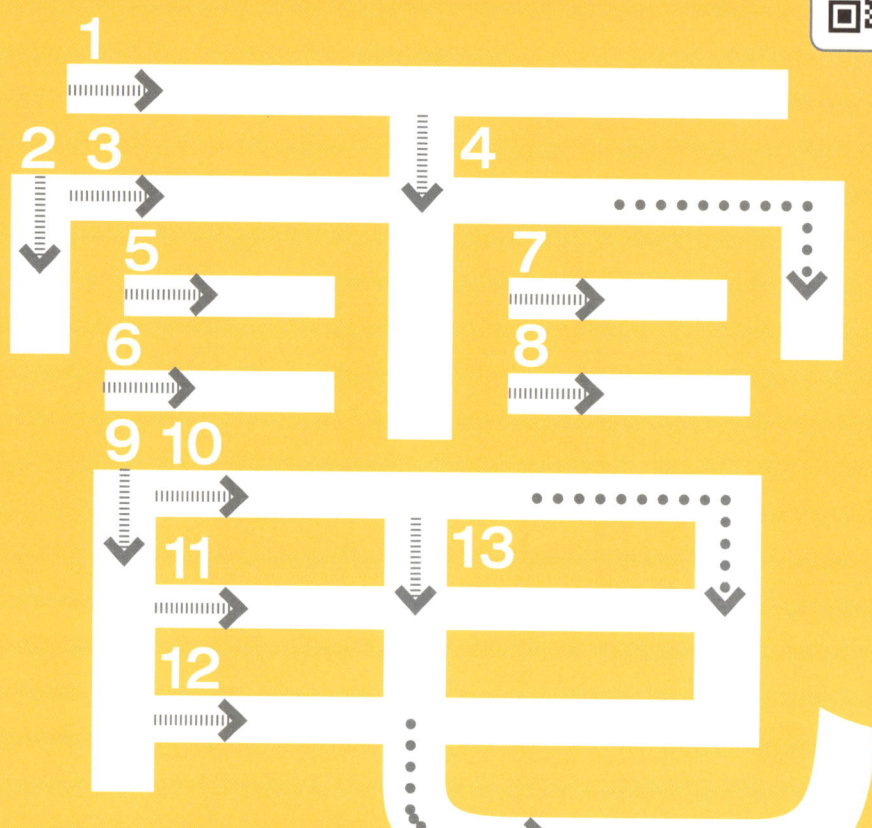

한자를 보고 천천히 따라 써보세요.

단어를 큰소리로 읽고 그림 한자를 예쁘게 색칠해요.

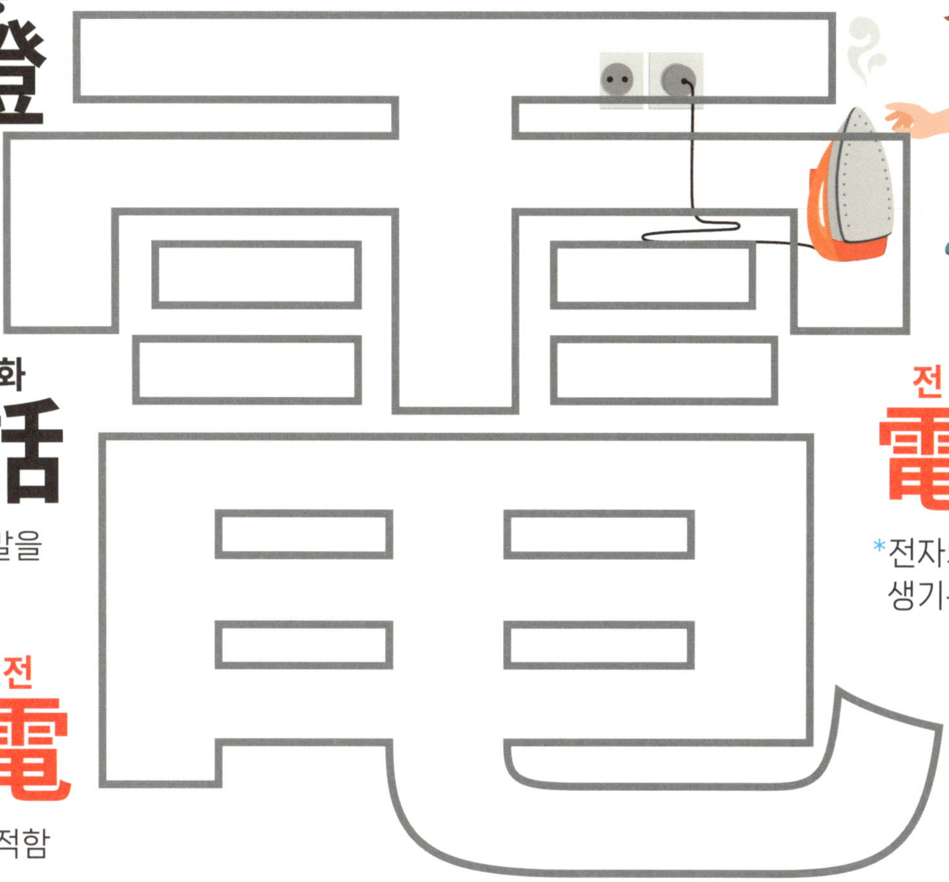

電燈 (전등)
*전기로 빛을 내는 등

電話 (전화)
*전화기로 말을 주고받음

充電 (충전)
*전기를 축적함

電氣 (전기)
*전자의 움직임으로 생기는 에너지

한자를 보지 말고 또박또박 써보세요.

정

바를 정
right

손가락으로 화살표를 따라 그려보고 연필로 써보세요.

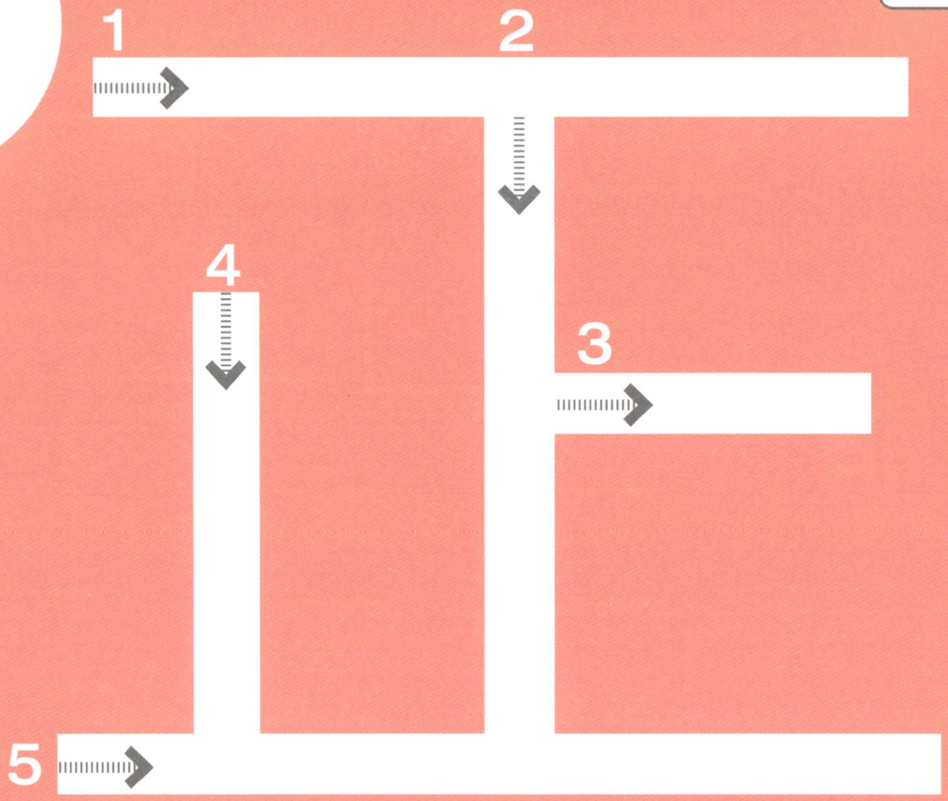

한자를 보고 천천히 따라 써보세요.

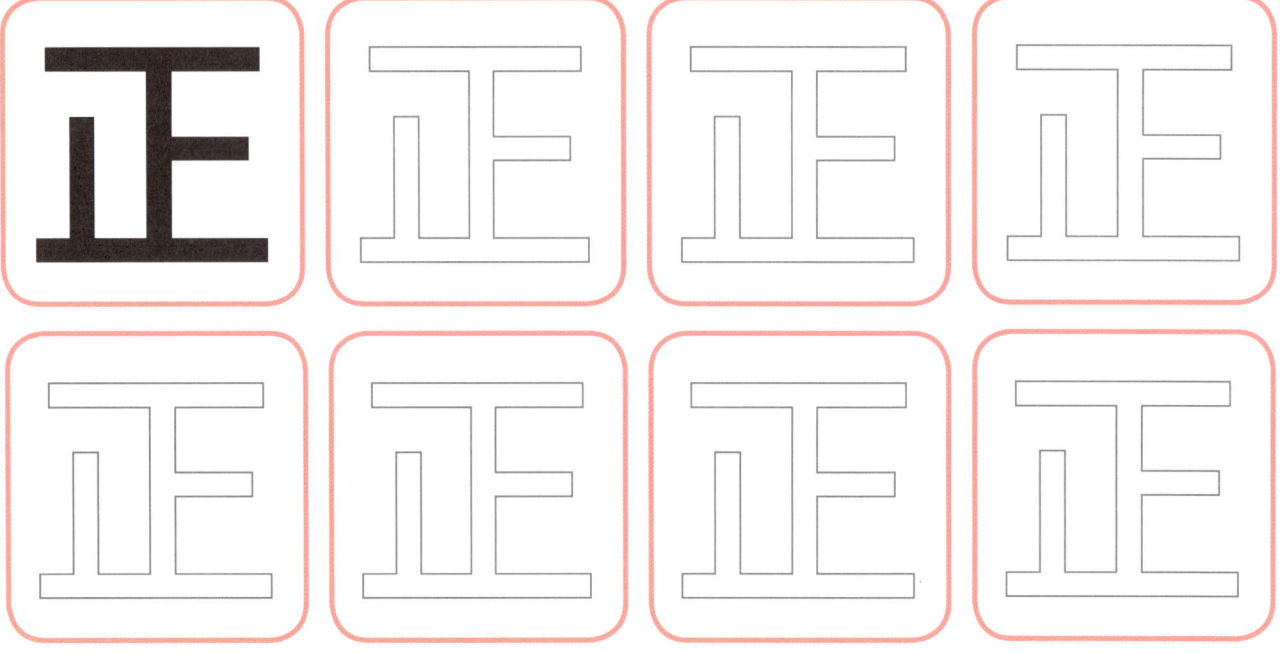

☁️ 단어를 큰소리로 읽고 그림 한자를 예쁘게 색칠해요.

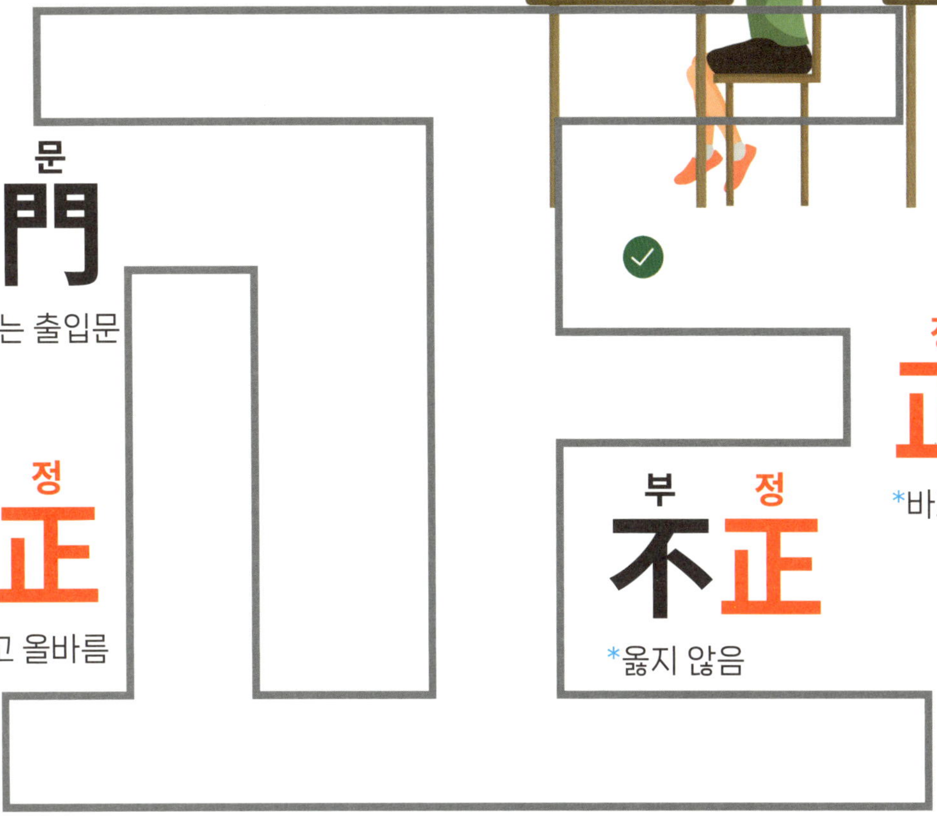

<정/문>
正門
*주가 되는 출입문

<공/정>
公正
*공평하고 올바름

<부/정>
不正
*옳지 않음

<정/직>
正直
*바르고 곧음

🐱 한자를 보지 말고 또박또박 써보세요.

손가락으로 화살표를 따라 그려보고 연필로 써보세요.

조
할아비 조
grand father

한자를 보고 천천히 따라 써보세요.

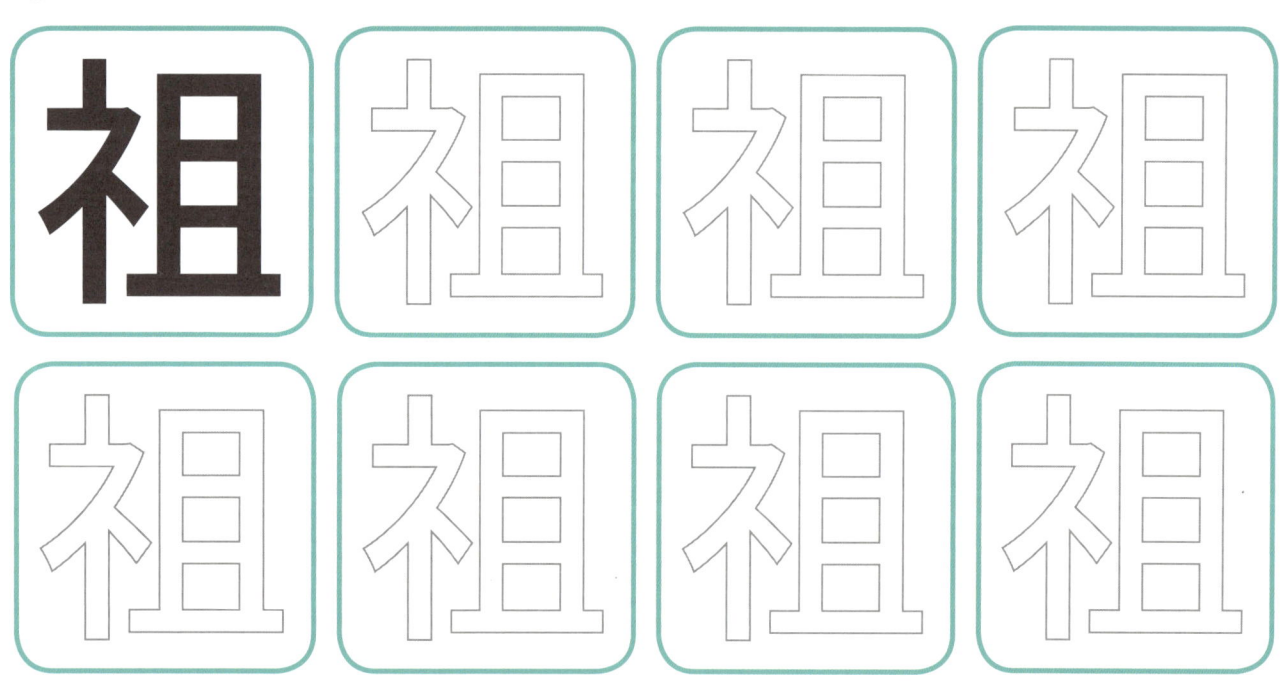

☁️ 단어를 큰소리로 읽고 그림 한자를 예쁘게 색칠해요.

조 모
祖母
*할머니

선 조
先祖
*먼 윗대의 조상

조 부
祖父
*할아버지

조 상
祖上
*대대의 어른

🐱 한자를 보지 말고 또박또박 써보세요.

손가락으로 화살표를 따라 그려보고 연필로 써보세요.

조
아침 조
morning

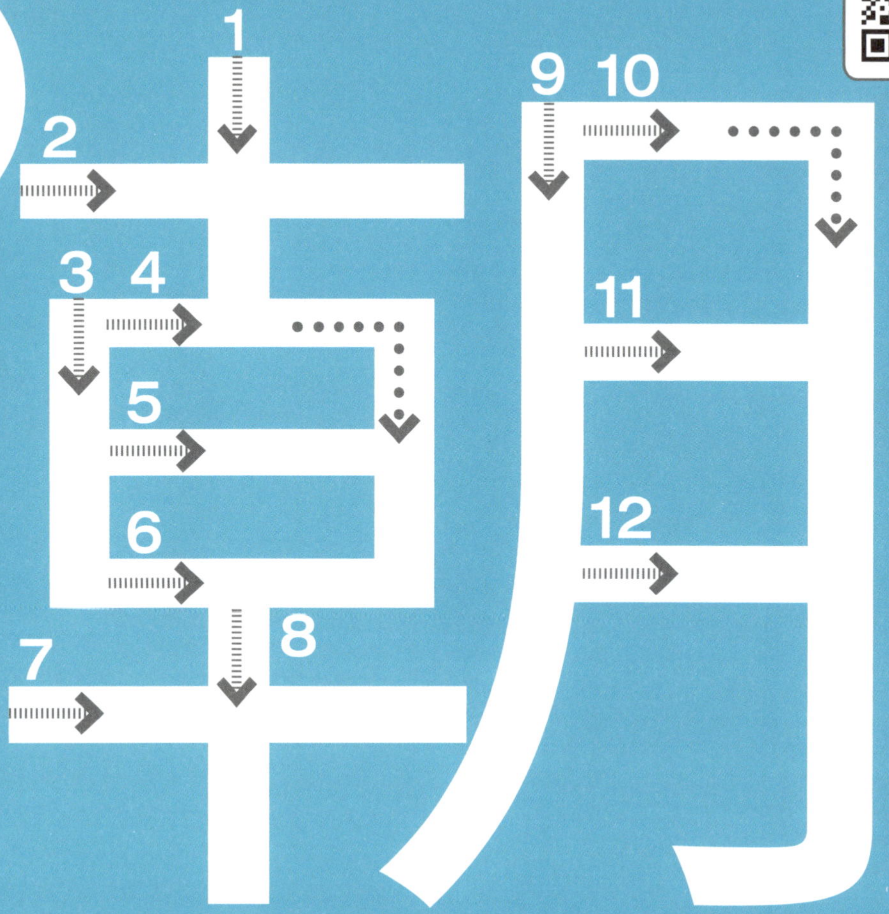

한자를 보고 천천히 따라 써보세요.

단어를 큰소리로 읽고 그림 한자를 예쁘게 색칠해요.

朝夕 (조석)
*아침과 저녁

早朝 (조조)
*이른 아침

朝鮮 (조선)
*이성계가 세운 나라

朝食 (조식)
*아침밥

한자를 보지 말고 또박또박 써보세요.

손가락으로 화살표를 따라 그려보고 연필로 써보세요.

주

주인 주

lord

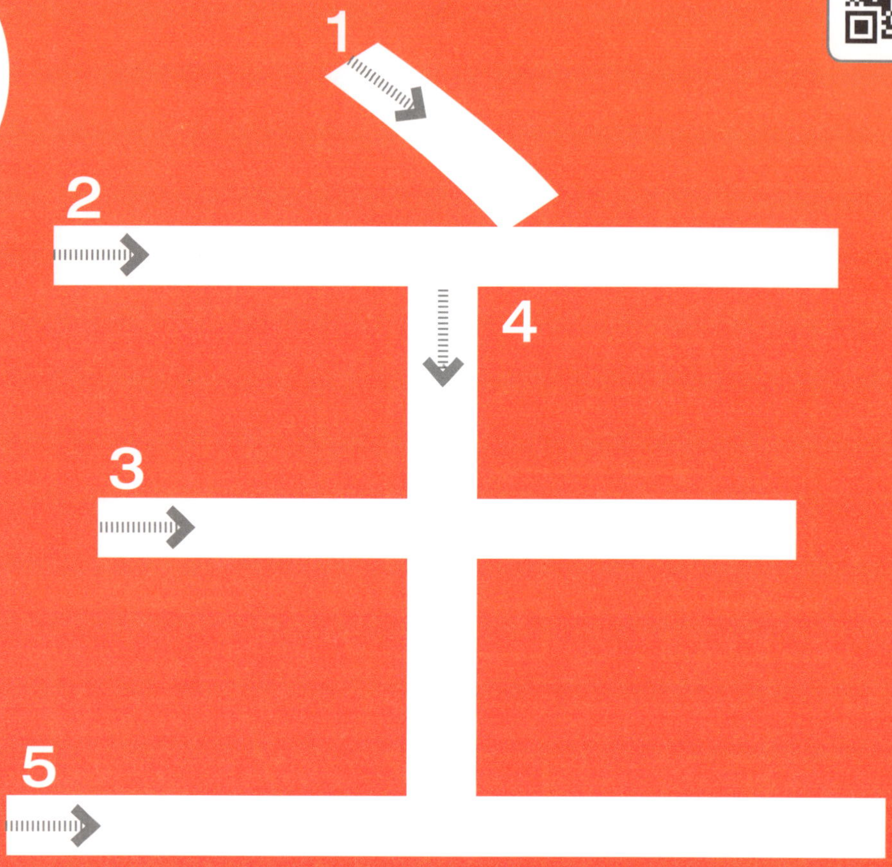

한자를 보고 천천히 따라 써보세요.

主	主	主	主
主	主	主	主

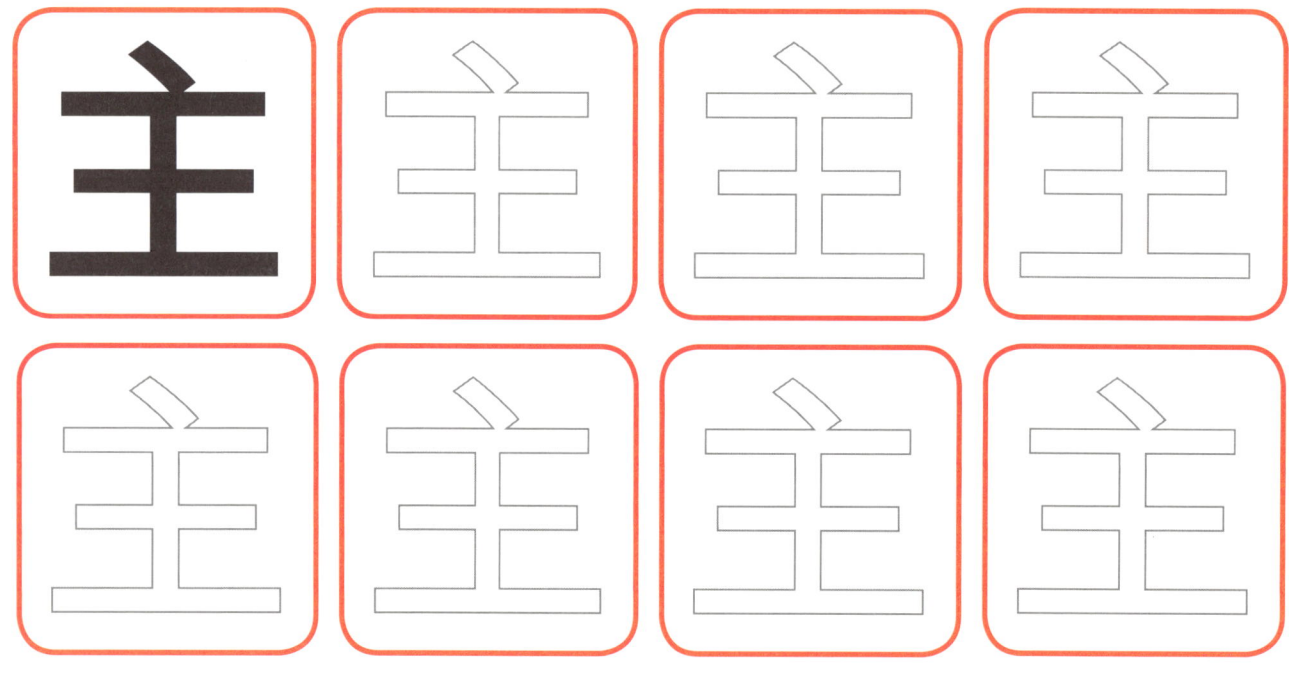

☁️ 단어를 큰소리로 읽고 그림 한자를 예쁘게 색칠해요.

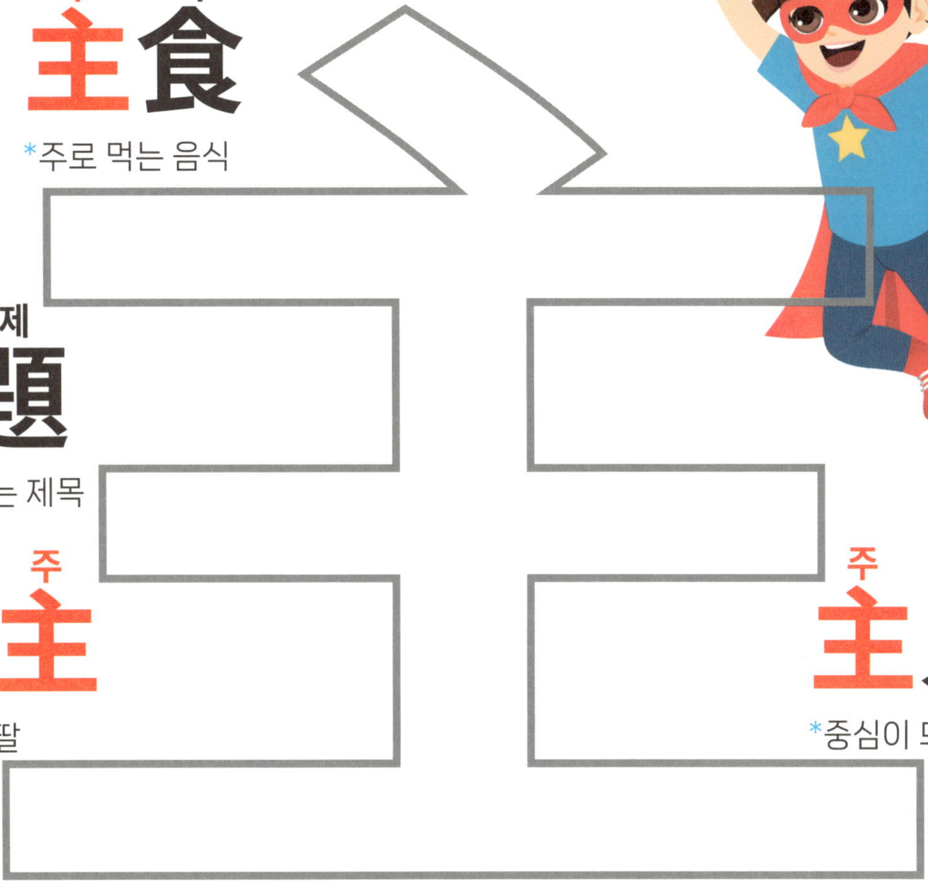

主食 (주식)
*주로 먹는 음식

主題 (주제)
*주장이 되는 제목

公**主** (공주)
*임금의 딸

主人公 (주인공)
*중심이 되는 인물

🐱 한자를 보지 말고 또박또박 써보세요.

다음 한자를 보고 알맞은 음(소리)을 선으로 연결해보세요.

主 • • 전
朝 • • 정 아침
祖 • • 조
正 • • 주 할아비
電 • • 조

🍦 다음 한자의 음훈(소리와 뜻)을 보고 알맞은 한자에 동그라미를 치세요

주인 주   電 正 祖 朝 主

바를 정   電 正 祖 朝 主

번개 전   電 正 祖 朝 主

할아비 조   電 正 祖 朝 主

아침 조   電 正 祖 朝 主

다음 밑줄 친 한자의 독음(읽는 소리)을 동그라미에 써넣으세요.

○ 電등   ○ 主인공

○ 正직   ○ 電기

○ 祖모   ○ 부正

○ 朝석   ○ 祖부

○ 공主   ○ 조朝

다음 음훈(소리와 뜻)에 알맞는 한자를 네모 칸에 써넣으세요.

| □ | □ | □ | □ |

바를 정   주인 주   아침 조   할아비 조

주
살 주
live at

손가락으로 화살표를 따라 그려보고 연필로 써보세요.

한자를 보고 천천히 따라 써보세요.

☁️ 단어를 큰소리로 읽고 그림 한자를 예쁘게 색칠해요.

주 소
住所
*사는 곳

주 택
住宅
*살림하는 집

주 거
住居
*머물러 살음

이 주
移住
*집을 옮겨 삼

🐱 한자를 보지 말고 또박또박 써보세요.

천
하늘 천
sky

☀️ 손가락으로 화살표를 따라 그려보고 연필로 써보세요.

天

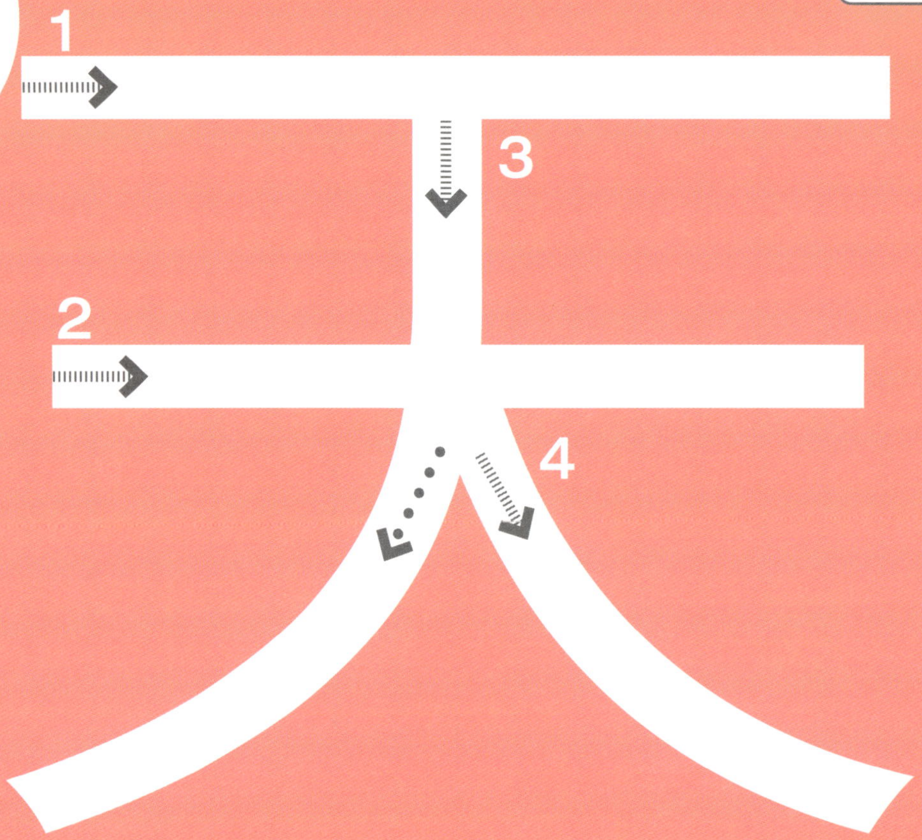

🐱 한자를 보고 천천히 따라 써보세요.

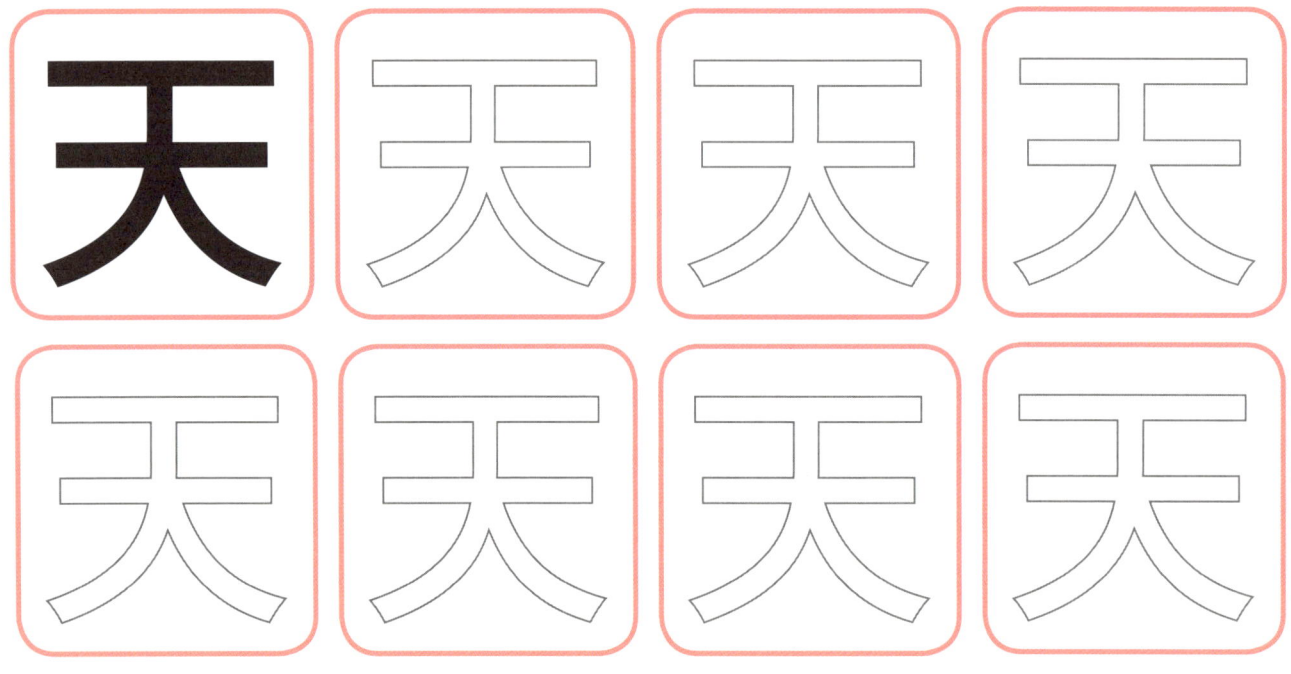

🌥️ 단어를 큰소리로 읽고 그림 한자를 예쁘게 색칠해요.

천 지
天地
*하늘과 땅

천 재
天才
*타고난 재주

천 연
天然
*그대로의 상태

천 사
天使
*신의 사자(angel)

🐱 한자를 보지 말고 또박또박 써보세요.

지
땅 지
earth

손가락으로 화살표를 따라 그려보고 연필로 써보세요.

한자를 보고 천천히 따라 써보세요.

단어를 큰소리로 읽고 그림 한자를 예쁘게 색칠해요.

地下 (지하)
*땅 아래

土地 (토지)
*땅

地方 (지방)
*일부분의 땅

地球 (지구)
*우리가 사는 행성

한자를 보지 말고 또박또박 써보세요.

해
바다 해
sea

🌅 손가락으로 화살표를 따라 그려보고 연필로 써보세요.

🐱 한자를 보고 천천히 따라 써보세요.

☁ 단어를 큰소리로 읽고 그림 한자를 예쁘게 색칠해요.

해 외
海外
*나라 밖

해 초
海草
*바닷속에 사는 식물

해 양
海洋
*넓고 큰 바다

해 안
海岸
*바다에 접한 육지

🐱 한자를 보지 말고 또박또박 써보세요.

화

꽃 화
flower

손가락으로 화살표를 따라 그려보고 연필로 써보세요.

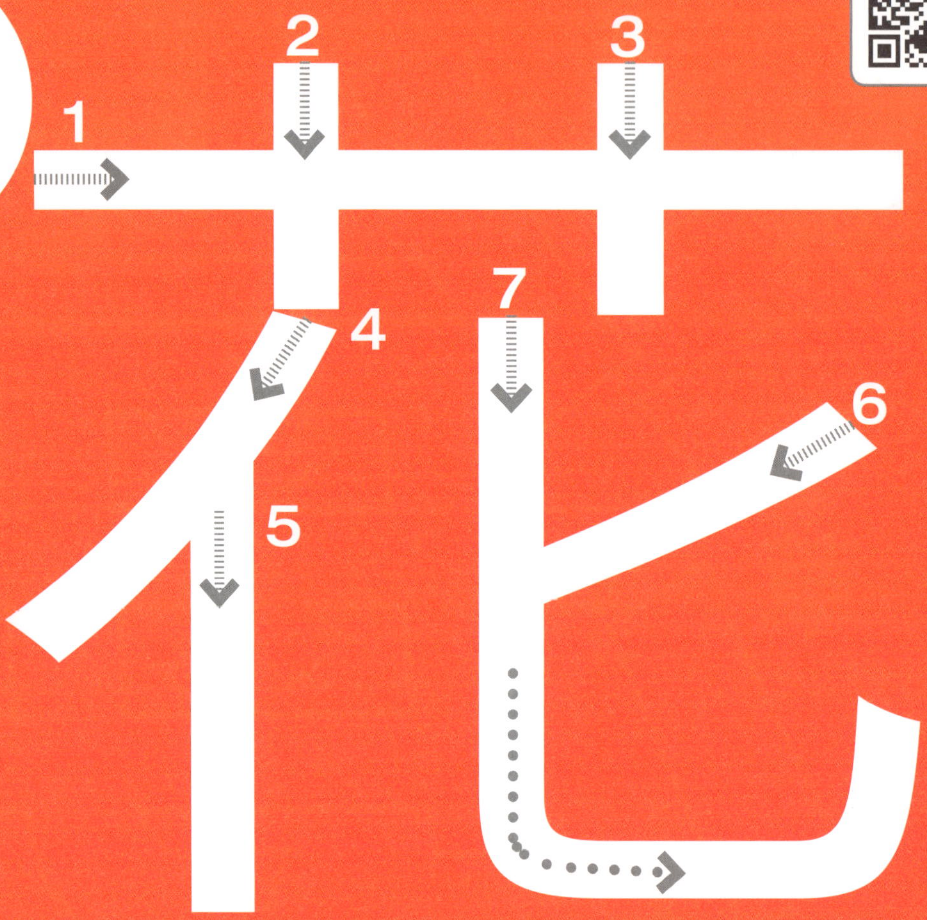

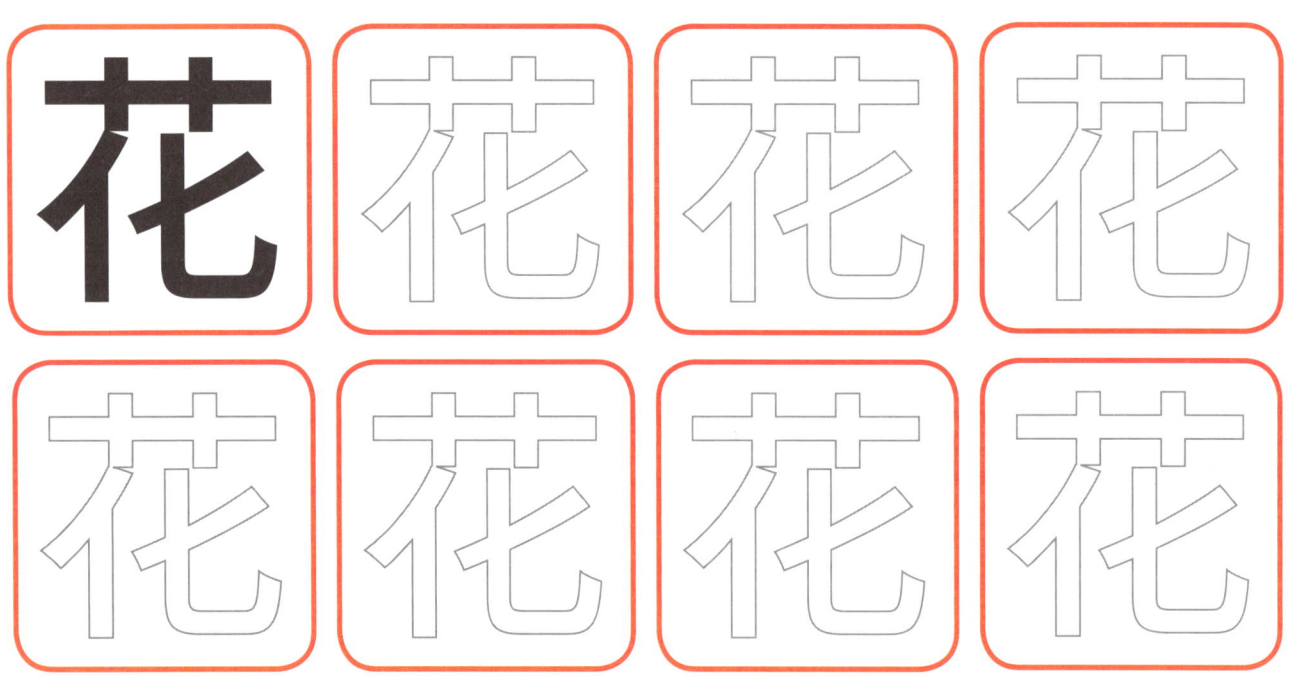

한자를 보고 천천히 따라 써보세요.

☁️ 단어를 큰소리로 읽고 그림 한자를 예쁘게 색칠해요.

화 초
花草
*꽃과 풀

생 화
生花
*진짜 꽃

개 화
開花
*꽃이 핌

국 화
菊花
*국화(꽃)

🐱 한자를 보지 말고 또박또박 써보세요.

👍 다음 한자를 보고 알맞는 음(소리)을 선으로 연결해보세요.

花 •　　　　　　• 주
海 •　　　　　　• 화
地 •　　　　　　• 해
天 •　　　　　　• 지
住 •　　　　　　• 천

🍦 다음 한자의 음훈(소리와 뜻)을 보고 알맞는 한자에 동그라미를 치세요

하늘 천　　住　天　地　海　花

땅 지　　　住　天　地　海　花

살 주　　　住　天　地　海　花

꽃 화　　　住　天　地　海　花

바다 해　　住　天　地　海　花

다음 밑줄 친 한자의 독음(읽는 소리)을 동그라미에 써넣으세요.

( ) 住거　　　　( ) 생花

( ) 天지　　　　( ) 住택

( ) 地하　　　　( ) 天연

( ) 海외　　　　( ) 地구

( ) 花초　　　　( ) 海초

다음 음훈(소리와 뜻)에 알맞는 한자를 네모 칸에 써넣으세요.

땅 지	하늘 천	꽃 화	바다 해

초

풀 초
grass

손가락으로 화살표를 따라 그려보고 연필로 써보세요.

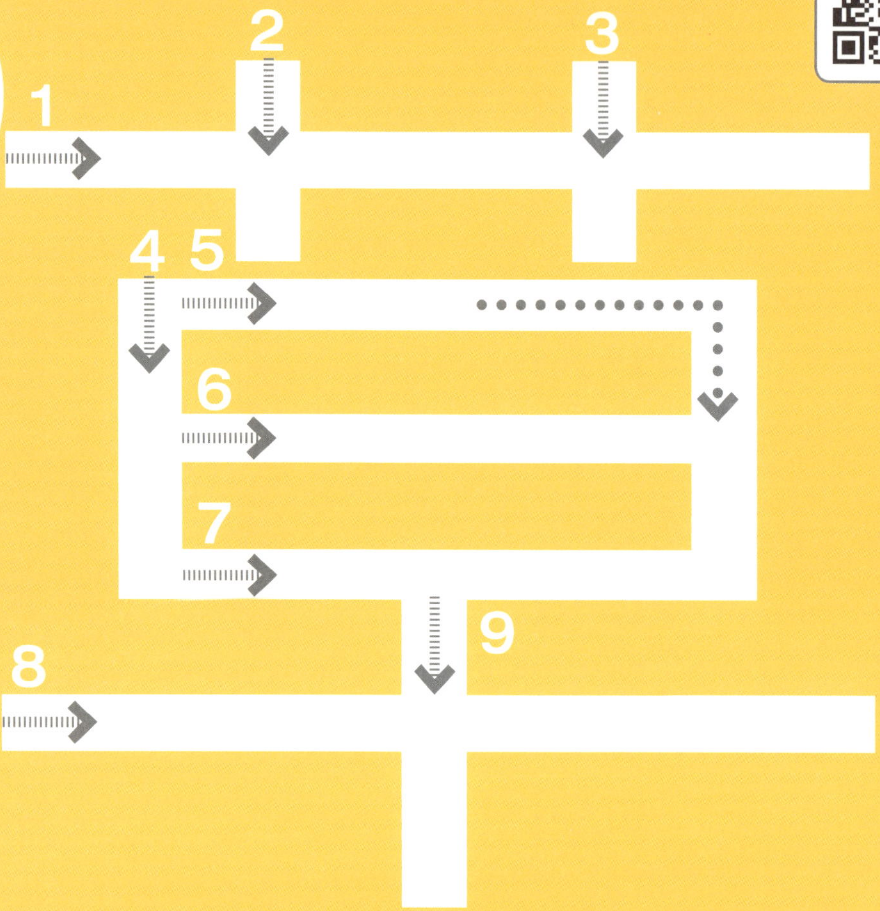

한자를 보고 천천히 따라 써보세요.

☁️ 단어를 큰소리로 읽고 그림 한자를 예쁘게 색칠해요.

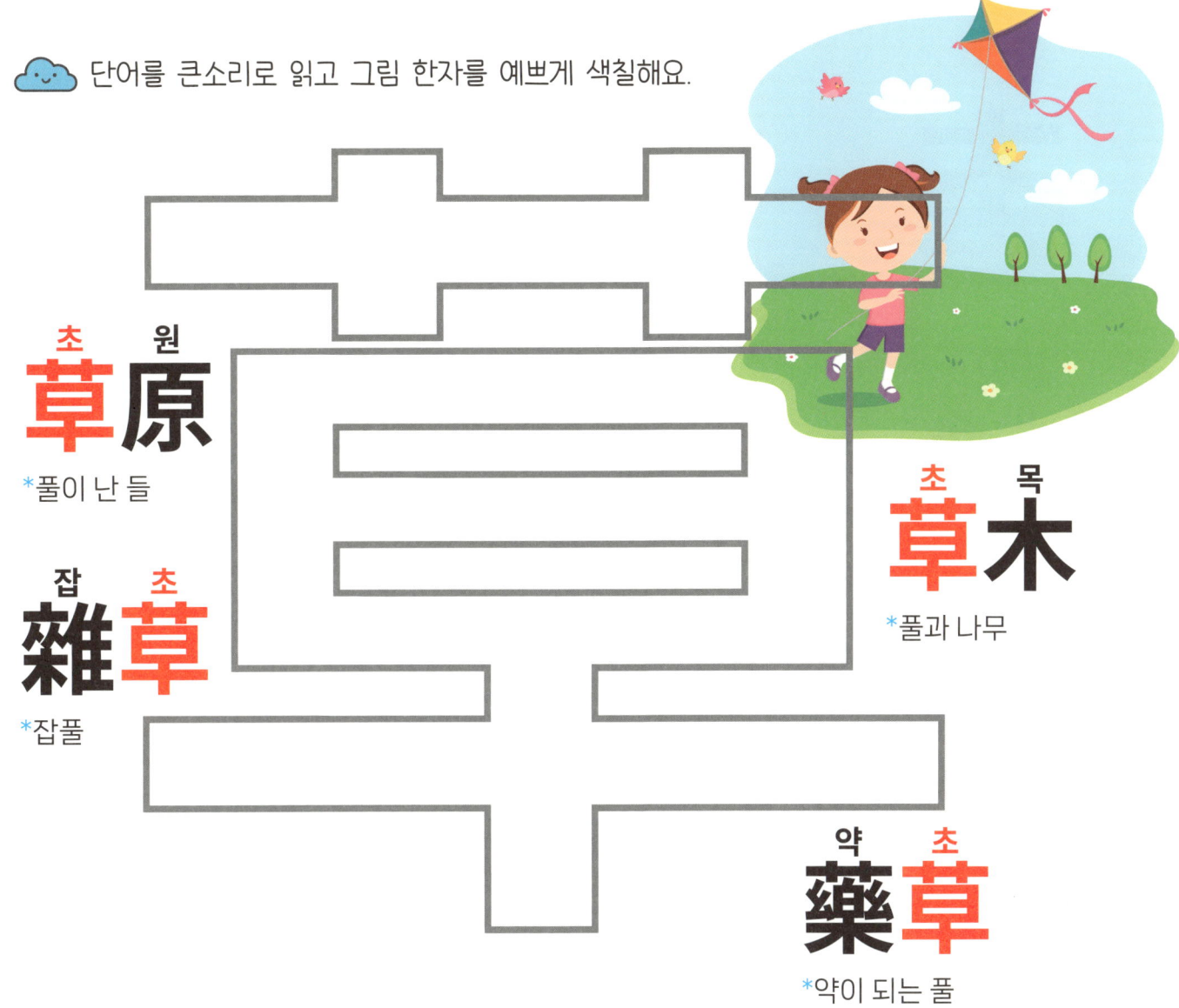

초 원
草原
*풀이 난 들

잡 초
雜草
*잡풀

초 목
草木
*풀과 나무

약 초
藥草
*약이 되는 풀

🐱 한자를 보지 말고 또박또박 써보세요.

촌
마을 촌
village

손가락으로 화살표를 따라 그려보고 연필로 써보세요.

한자를 보고 천천히 따라 써보세요.

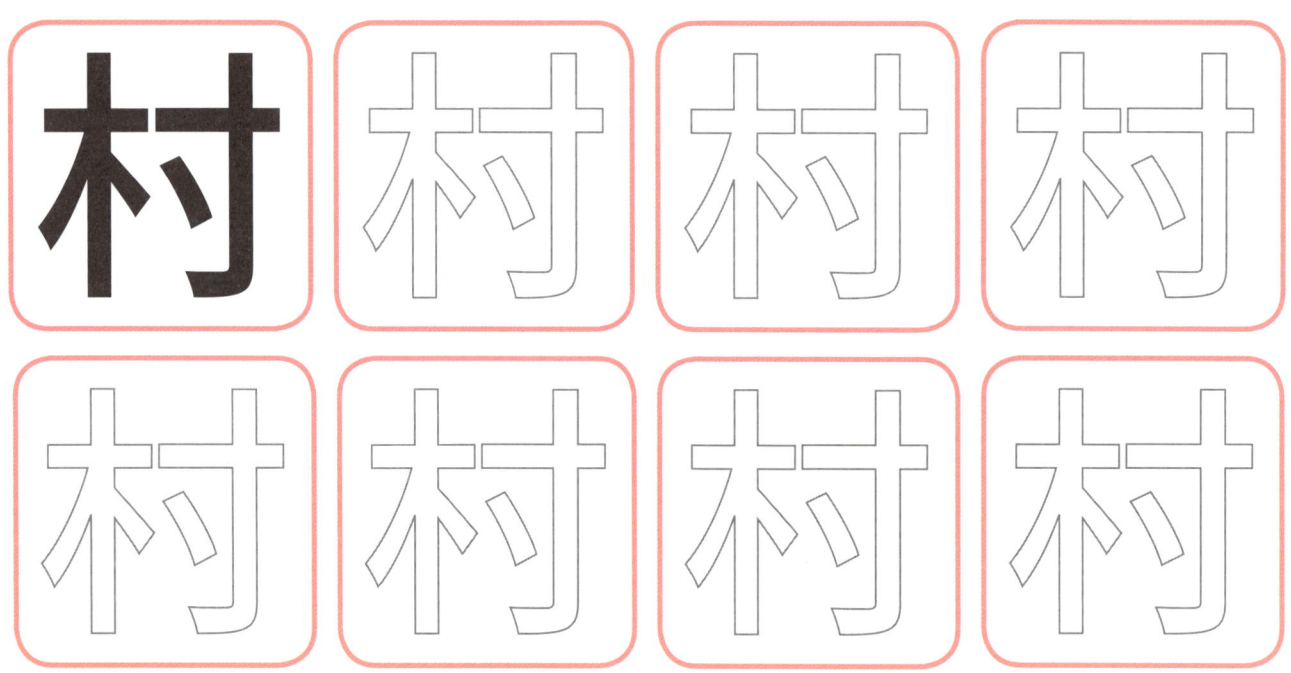

☁️ 단어를 큰소리로 읽고 그림 한자를 예쁘게 색칠해요.

산 촌
山村
*산에 있는 마을

농 촌
農村
*농부들이 사는 마을

어 촌
漁村
*어부들이 사는 마을

강 촌
江村
*강어귀에 있는 마을

🐱 한자를 보지 말고 또박또박 써보세요.

평

평평할 평
flat

손가락으로 화살표를 따라 그려보고 연필로 써보세요.

한자를 보고 천천히 따라 써보세요.

☁️ 단어를 큰소리로 읽고 그림 한자를 예쁘게 색칠해요.

평면 平面
*평평한 표면

평화 平和
*평온하고 화목함

평지 平地
*바닥이 평평한 땅

평야 平野
*평평한 넓은 들

🐱 한자를 보지 말고 또박또박 써보세요.

직

곧을 직
straight

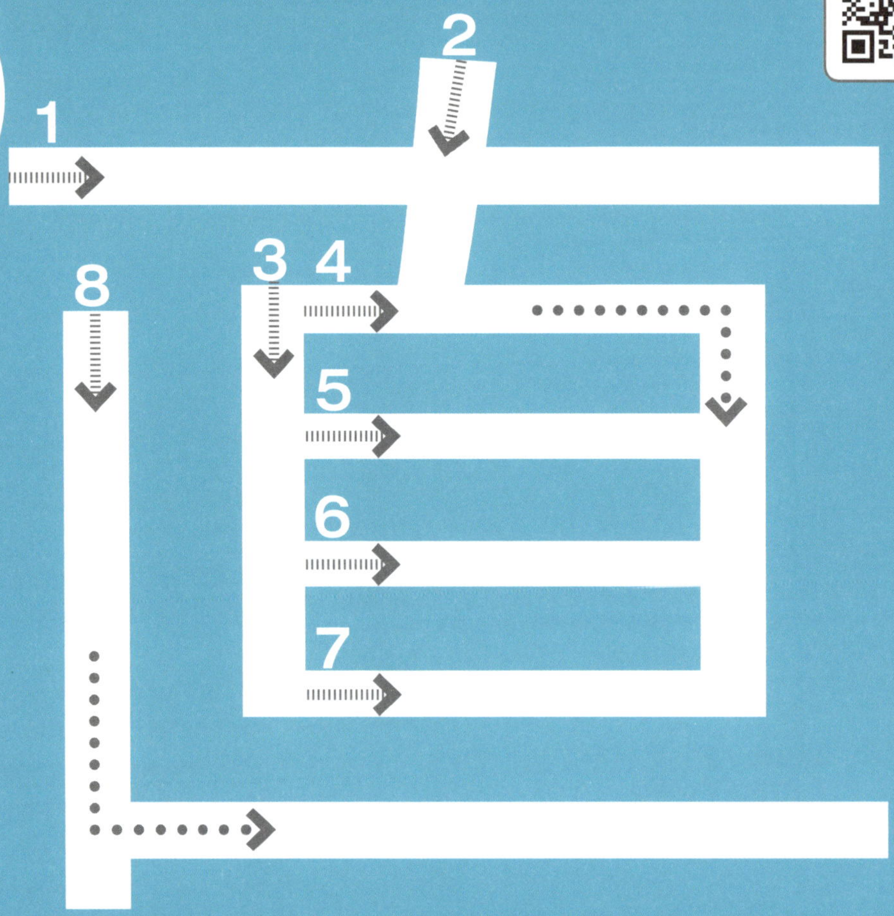

손가락으로 화살표를 따라 그려보고 연필로 써보세요.

한자를 보고 천천히 따라 써보세요.

☁ 단어를 큰소리로 읽고 그림 한자를 예쁘게 색칠해요.

직 선
直線
*곧은 선

직 전
直前
*바로 앞

직 각
直角
*90도의 각도

직 후
直後
*바로 뒤

🐱 한자를 보지 말고 또박또박 써보세요.

☀️ 손가락으로 화살표를 따라 그려보고 연필로 써보세요.

중
무거울 중
heavy

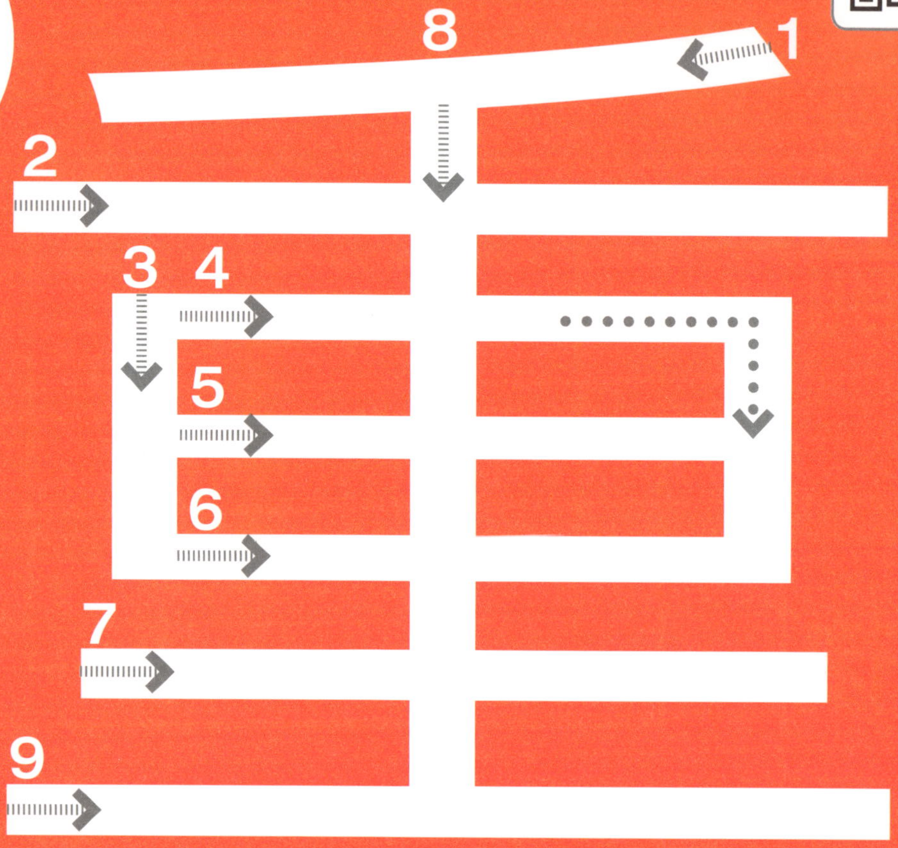

🐱 한자를 보고 천천히 따라 써보세요.

🌥 단어를 큰소리로 읽고 그림 한자를 예쁘게 색칠해요.

重大 (중대)
*매우 중요함

重要 (중요)
*귀중하고 요긴함

貴重 (귀중)
*귀하고 소중함

體重 (체중)
*몸의 무게

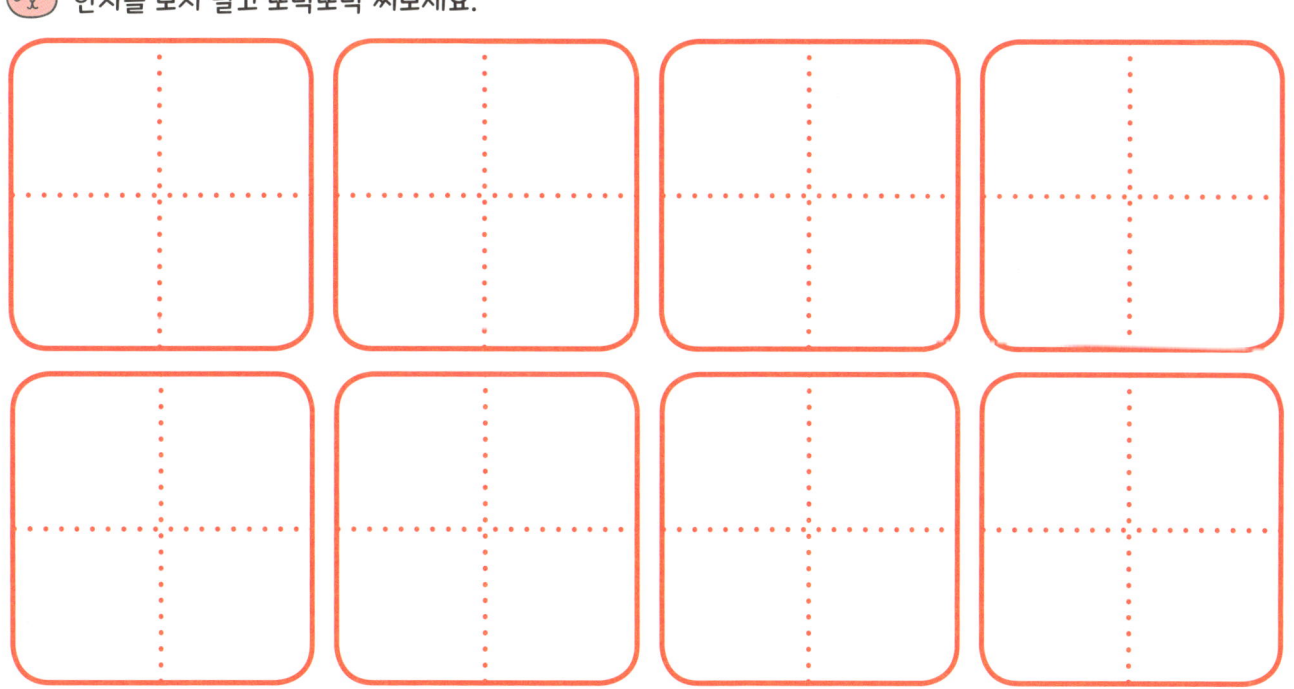

🐱 한자를 보지 말고 또박또박 써보세요.

다음 한자를 보고 알맞는 음(소리)을 선으로 연결해보세요.

重　•　　　　　　•　평
直　•　　　　　　•　촌
平　•　　　　　　•　초
村　•　　　　　　•　직
草　•　　　　　　•　중

다음 한자의 음훈(소리와 뜻)을 보고 알맞는 한자에 동그라미를 치세요

평평할 평　　草　村　平　直　重

풀 초　　草　村　平　直　重

마을 촌　　草　村　平　直　重

무거울 중　　草　村　平　直　重

곧을 직　　草　村　平　直　重

다음 밑줄 친 한자의 독음(읽는 소리)을 동그라미에 써넣으세요.

○ 草원   ○ 체重

○ 산村   ○ 草목

○ 平야   ○ 농村

○ 直선   ○ 平화

○ 重요   ○ 直각

다음 음훈(소리와 뜻)에 알맞는 한자를 네모 칸에 써넣으세요.

마을 촌   평평할 평   곧을 직   풀 초